Staread
星 文 文 化

［日］山田理 著

毛仁言 译

轻量管理

最轻量のマネジメント

北京日报出版社

引 言

日本真正开始呼吁工作方式改革是在 2016 年。

但是，才望子有限公司（以下简称才望子）从更早之前的 2005 年起，便开始着手改变员工的工作方式。其间，才望子也在不断地反省，并展开新的尝试。

大约 20 年前，我进入了才望子。当时才望子还是初创公司，仅有十几位员工。

虽说在那之后不到一年，公司成功上市，但是在成果至上主义的管理制度下却面临全面崩盘。2005 年，员工的离职率竟高达 28%。

当时的我向青野董事长建言："让我们再次创造一个优秀的公司吧。"

至此，作为副董事长，作为管理部门的负责人，同时作为一名管理者，我为了实现"100个人有100种工作方式"的理念奋斗至今。

如今，才望子不仅是一个群件①公司，而且已经成为人们所说的改革工作方式的领军企业。但我唯一能充满自信地说明的是——"管理公司，难于上青天"。

换句话说，世人所憧憬的"理想的管理"几乎是不可能做到的。

所以，本书并不会像教科书一样全篇介绍才望子独特的管理方法，而是向大家说明，我在带领团队（本书称所有组织为团队）和经营公司中发现的以下三点：

接受决策失误的事实；

成为能够果断放弃的理想管理者；

最终回归管理者的真正工作。

总而言之，就是做到"最轻量的管理"。

这也是我著成此书的真正原因。极端一点来说，我认为才望子需要成为一个不需要管理者的公司。我希望管理者不要背负"接

---

① 群件：帮助群组协同工作的软件。——译者注（本书注释如无特别说明，均为译者注）

下来该怎么做"的负担，而是考虑怎么做才能把自己的工作减少，让自己更轻松。

希望本书的内容，能够把管理者从过度期待、过度担责中解放出来。

序　言

怎 样 才 能 减 少 管 理 者 的 工 作 ？

说到底，公司真的需要管理者吗？

"管理者"是每个公司都会设置的职位。虽然不知道其总数到底是多少，但恐怕远远超出董事或干部的数量吧。

"组长""科长""主任""领导""业务负责人"……管理者的称呼可以说是五花八门。在企业的经营中，培养管理者是必不可少的一部分。管理者在公司有着举足轻重的作用。

和其他公司一样，才望子也非常重视管理者的人选、录用和培养。

但是，管理者为什么这么重要呢？或者说，为什么曾经那么重要呢？今后，管理者一职还能发挥那么重要的作用吗？本书将围绕这一点展开说明。

从"多样性"中诞生的代沟

20 世纪 80 年代，泡沫经济给日本带来了快速增长，甚至有人用"日本第一"来评价那个时代。

当时日本的大街小巷充满了各式各样的商品，股价、地价上涨，工资上升，奢侈品唾手可得，年轻人彻夜蹦迪。现在很多大企业的经营者就是在那个年代出生、长大。

但是，泡沫不断膨胀、膨胀……终有一天迎来了破裂。

在经济跌入谷底之时，人们的思考逐渐从过去的"为了生存需要怎么做"，转换成"为了幸福到底需要怎样生活"。20 世纪 70 到 80 年代，人们总幻想着挣很多钱，再大把大把地消费，认为这才是幸福的生活，但现在这种想法已然崩塌，重视生活方式、平衡工作与生活这一理念开始盛行。

现在，随着互联网和智能手机的普及，这一理念逐渐照进了现实。

人与人之间的交流开始不受时间和地点的限制，想要自由决定工作地点和时间的需求也随之产生，每个人的人生理想也开始变得多种多样。

但是，习惯使用互联网和智能手机的年轻一代和上一代之间的交流成本，甚至价值观之间的代沟，也逐渐成了不可忽视的现实问题。

2015 年，国际社会调查项目（ISSP）开展了一项颇具深意的国际调查（见表 1）。

调查结果显示，日本认为"同事关系良好"的人占比 69.9%，在被调查的国家和地区中居于末位。德国被认为是和日本最相似的国家，其结果却是 93.4%，高居第二。

此外，2005 年 ISSP 也开展了同样的调查，当时认为"同事关系良好"的日本人占比为 81.5%。可以说在这 10 年间，日本人同事之间的关系正在大幅恶化。从这项调查中，我们可以看出一个社会现实，即日本组织的形态正在落后于变化万端的时代。

那么，这背后的原因究竟是什么呢？

【表 1】ISSP 职场关系调查

1	格鲁吉亚	93.7%	19	澳大利亚	85.3%
2	德国	93.4%	20	苏里南	84.8%
3	瑞士	93.0%	21	爱沙尼亚	84.7%
4	挪威	92.5%	22	斯洛伐克	83.5%
5	奥地利	91.9%	23	克罗地亚	82.6%
6	冰岛	91.7%	23	智利	82.6%
7	英国	91.4%	25	斯洛文尼亚	82.0%
8	西班牙	90.4%	26	匈牙利	81.0%
8	南非	90.4%	27	美国	80.0%
10	委内瑞拉	89.9%	28	立陶宛	79.2%
11	瑞典	89.7%	29	捷克	79.1%
12	拉脱维亚	89.6%	30	印度	79.0%
13	新西兰	89.0%	31	菲律宾	78.6%
14	以色列	87.8%	32	中国	78.5%
15	丹麦	87.5%	33	法国	78.2%
16	芬兰	87.3%	34	波兰	78.0%
17	比利时	85.8%	35	俄罗斯	75.1%
18	墨西哥	85.4%	36	日本	69.9%

金字塔型的组织架构可以统筹信息

迄今为止的公司常识，都是在互联网诞生之前的时期形成的。当时与现在最大的不同便是信息的价值。

以前，收集信息基本都需要人和人面对面交流。获取信息后的信息分享，也需要人们聚在一起开会才能做到。不论是收集信息，还是传达信息，都有时间成本和地点成本。因此，要想组建一个团队，前提都是成员尽量能够在同一时间、同一地点集合。这也是公司对新人不断强调"报联相（报告、联络、相谈）"的原因。

普通员工把信息传达给组长，组长传达至科长，科长传达至部长，部长传达给董事会，董事会传达给董事长……公司内部像在玩传话游戏一般传达信息。各部门传达上来的信息，又交由管理层统筹，最后由管理层来决定要共享哪些信息。

仔细看就会发现，这种像锦标赛席位表一样的组织架构（见图1），其实是为了统筹信息而存在的。正因如此，才会在位于中间位置的"中枢"设置"管理者"这一职位，以便听取、转达信息。

管理者最重要的作用就是管理团队。

　　具体来说，就是通过"报联相"听取下属的信息，同时基于上级领导下达的信息做出决策。因此，管理者必定知晓下级员工所不知道的信息。同时，管理者自身还必须具备长久以来积累的经验与知识。种种原因综合在一起，管理者才能做出下级员工无可取代的决策。

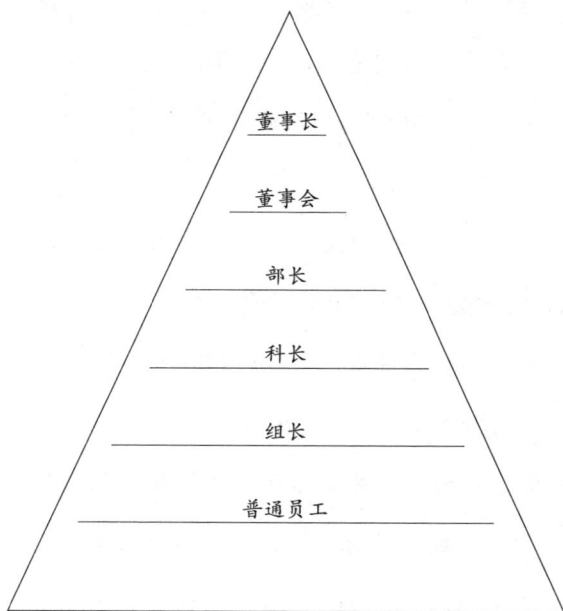

【图1】像锦标赛席位表一样的组织架构（金字塔型组织架构）

上位者不会一次就透露全部信息，这是为何？

大家有没有经历过科长或部长只透露一点点信息的情况？

上位者往往不会一次就将全部信息公开。就算向他们询问原因，他们也总是会打马虎眼，把这个问题糊弄过去。

这到底是为什么呢？仔细想想便会知道，如果把所有信息都说出来，上级和下属不就处于同一水平线了吗？

也就是说，上级是在有意识地制造信息不对称，而这正是重要的管理手段之一。可能有人会觉得这简直是蠢到家了。但是，结合时代背景考虑的话，也就可以理解这一点了。

我在 20 世纪 70 年代出生、长大，在没有互联网的时期迈入了社会。不要说手机了，外出时只能通过公共电话联系。当时的公共电话旁堆满了用来支付通话费用的 10 日元硬币，后来开始推行电话卡时，我就已经觉得"方便多了"。要和女朋友打电话必须打到家里，还要在和女朋友说话之前应付对方父亲的盘问。工作之后，我搬到了公司提供的单身公寓，只有食堂有一台座机，新员工只能排队打电话。有电话打过来时，还需要通过广播寻人的方式一个个地找接听电话的前辈。

而"公司",就是在这样或更早之前的时代中形成的常识里诞生的组织。

在当时的大环境下,获取信息需要巨大的成本,也正因如此,知晓信息的人才需要有高级别的权限。反过来说,信息不对称正是产生权威和金钱的手段。当时,就是这样一个时代。

互联网破坏了"组织阶层"

互联网出现后,信息开始从上到下变得"廉价"。其变化速度,甚至比泡沫经济破裂时股价下跌的速度还要快,是"暴跌"。信息技术(IT)的力量使得信息不对称的落差开始减小。

所有的信息都能在一瞬间传送至世界各地。谁都能发送信息,谁都能分享信息。不论是上级还是下属,只需一秒,便能接触到相同的信息。才望子提供的群件软件也是由此而来的。

这样一来,"只有上级才能知道某种信息"等类似的权威开始失去作用,即便再怎么想隐瞒信息,也会"不小心泄露"。所以,如果上级还像原来一样自视甚高,认为所有下属都应该听自己的话,团队决策与团队管理就会变得非常困难。

大家应该也有所体会，不是单凭年纪大就能做好团队决策。如果给所有人相同的信息，即便是年轻的组员也能做出同等质量的决策。并且，如果是自己擅长的领域，年轻人甚至更有可能提出新颖的想法。

工作方式改革的最大"受害者"是管理者

工作方式不断多样化，不同年龄层之间的代沟越来越大。在这样的社会环境下，最大的受害者会是谁呢？

是夹在上级与下属之间的管理者。上级总是给管理者出难题，说一些假大空的话，像是"我们公司要改革工作方式""我们要让员工灵活地工作""必须减少加班""要提升员工对公司的满意度"等。

但到底要怎么做呢？管理者又没有制定或改变公司规章制度的权力，真是有苦说不出。

昭和时代的上级其实也不知道到底该怎么做，但他们给出的方针是"要做好，还要不出问题"。没有具体的改革方案，不改变公司的业绩目标，不降低员工的完成目标，同时还要提高工作效率，维持员工的工作热情，难度非常大。

很多人会觉得，这怎么可能做到啊？要是能做到的话早就做了！

甚至在管理者陷入困境焦头烂额时，还会有员工不理解管理者下达的指示，还会反驳"我就是做不到！""你到底希望我怎么做？""工作方式改革的目的到底是什么？"。而这些问题对于管理者来说更是难上加难。

在维持员工的工作热情前，自己的工作热情首先遭遇危机……甚至维持自己良好的精神状态都非常困难。

现代企业的组织方式是在脱离创业时的激进经营理念，在不断成长的过程中，以成功经验为基础而形成的。所以，拼命工作曾被认为是一种美德。

公司实行终身雇佣制，因此员工要以对公司的忠诚作为回报。公司无形中会要求员工"24 小时不间断工作"。即便员工再怎么想买房、结婚、生子，再怎么想平稳度日，只要公司一声令下，员工就不得不前往各地出差。说丧气话的人会被斥责为"自私自利"，无法完美完成任务的人会被"发配边疆"，只能做一些没有意义的工作，成为公司的边缘人。

在这样的时代中摸爬滚打、忍气吞声地工作的一代人，和在互联网时代中成长的一代人，其代沟不断增大，而夹在中间的正是面临前所未有的困难的管理者。所以，现代社会对管理者管理技巧的要求在不断提高。

具体是什么要求呢？是理解上级想法，获得下属信任，指导调教下属。为了同时掌握这些管理技巧，管理者需要大量阅读商业书籍，主动参加管理技巧研讨会。与此同时，管理者还必须得实现个人价值。

真的有能够面面俱到的"超人"吗？

社会对管理者的要求太苛刻了。要是真有人能面面俱到的话，不得不说那是个奇迹，甚至可以称其为"惊世之才"。即便管理者都知道要做到那些很难，但还是怀抱着作为一个领导的责任感，想着"要做就要做到最好"，不断进行着心理斗争。

管理者们，稍微卸下点负担吧。

虽说根据公司的规模和架构，管理者的工作会有些许不同，但大体还是分为以下两类。一种是项目管理，一种是人才管理。

大多数管理者都在同时负责这两项工作。

项目管理，需要管理者定目标、做决策、跟踪进度和管理预算；人才管理，需要管理者培养和任用人才，维持员工的工作热情并对员工进行评价。

进一步说，许多中层管理者会负责报告和协调的相关工作，但这类人其实还称不上标准的管理者，只是"成员兼任管理者"（Playing Manager）。

如果真有人能完全发挥管理者的作用，并为所有业务担责，应该早就从公司辞职出来开创自己的事业了吧。有这种才能的人，自己创业肯定比为公司打工能获得更大的收益。而对于管理者面临的繁杂工作，像"我不可能关注到所有细节""进展完全不顺利……什么都要平衡，哪有那么简单？"这样的反应才最为常见。

归根结底，把所有工作一股脑儿地塞给管理者这件事本身就存在问题。如此复杂又庞大的工作量，单凭管理者一己之力，根本就无法完成。

我希望未来有一天，管理者的门槛能够降低，成为任何人都能胜任的角色，将每一位管理者的工作分散开来。

在才望子，通过所有人的努力，管理者已经不再是稀有、重要的职位了，而是在逐渐变得大众化。

才望子放弃"人管人"的制度

才望子是提供群件软件的公司。

群件软件是通过互联网轻松共享公司内部沟通信息的软件，涵盖日程安排、顾客信息、邮件、策划案和 Excel① 文件等各类信息。

总而言之，群件软件是为了促进良好的团队合作而产生的。也正因如此，才望子的经营理念中才会有一条"创造充满团队合作精神的团队"。

那怎样才是理想的团队合作呢？是认同企业理念、互相尊重彼此的个性、光明正大地讨论方案、保持公开决策的透明，每个人都是独立的个体，又互相影响、互相帮助，在团队中发挥自己最大的能力。

---

① 微软旗下的一款表格软件。

尊重彼此的个性就是尊重彼此的工作舒适性。那么，首先要尊重员工的肯定是公司。所以，才望子以"100个人有100种工作方式"为口号，一步步实现了多样化的工作方式。

· 育儿假最长可达 6 年；

· 自我提升休假制度——35 岁以下的员工，可在离职后 6 年内回归公司；

· 副业（复业）自由——与公司没有利益纠纷的副业（复业）无须报备；

· 雇佣副业员工——雇佣把在才望子的工作当作副业的员工；

· 工作方式宣言制度——工作时间、地点和时长，都由个人决定。

"复业"是什么？在才望子，把"副业"称为"复业"。为什么呢？以往所说的"副业"，是为了获取副业收入而存在的，暗含附属、额外等意思。但是才望子认为，"复业"是为了充分发挥员工主观能动性而存在的，用这个词可以更好地表达多种工作的平等地位。

此外，才望子员工的工作方式已经不再是选择制。现在的才望子，员工可以自由地决定自己的工作时间、地点和时长。

有的人完全居家办公，从早上 7 点就开始工作；有的人住在离公司较远的城市，每周有两天远程办公；有的人早上 9 点准备出门上班，却在路上因为副业脱不开身，甚至晚上才到公司。这些都是员工的自由，都是被允许的，即所谓的"100 个人有 100 种工作方式"。

这样一来，就没有管理员工的必要了吧。当公司定下"100 个人有 100 种工作方式"这一目标时，就已经"放弃"了管理员工。因此，才望子的管理者所承担的工作与责任，也免不了要改变。

没有"完美管理者"

那么，注重员工身心健康的管理者，到底应该是个怎样的人呢？不好意思，我先说一下我的想法——我认为，现在是时候摒弃这种想法了。

"管理者就应该这样""这样的管理者才是最理想的""有经验

的人才适合这个职位"……为了寻找所谓的"理想的管理者",每个人都在心中建了一张复杂的考核表,以确认别人是否合格。或者是把评判标准固化到一个框架里,期望找到能够批量产出完美管理者的方法。

这样的做法,已经不再符合时代潮流。因为现在的公司里,100个人有100种工作方式,团队成员的个性和价值观各不相同。

明明大家都讨厌"被管理",为何一旦成为管理者,就会不自觉地变成自己曾经讨厌的角色,主动去管理他人呢?

十几年前的我也想当一个完美的管理者,但在找寻方法的道路上犯了许多错误。在详细叙述之前,我想先说明一点:管理者不可能完全掌控并管理成员的所有事情,并且,管理者本身的负担也很重。比如,由于工作方式改革而不得不让下属早点回家,反而使自己这个中层管理者担下更多的工作;或是下属的工作方式多样化,但管理工作反而变得更复杂了;等等。

这时,不如抽身出来看看,从"放弃"开始管理如何呢?

管理者,根本就不需要无所不能,也做不到完美。过于追求完美,不仅会陷入自我内耗,还会引发员工的不满。具体来说,当你发现一件事无法做到的时候，其中必有不合理之处（见图 2）。如果不把这个不合理之处找出来，而是固执地坚持下去的话，就太死脑筋了。

那么，到底要怎么做呢？

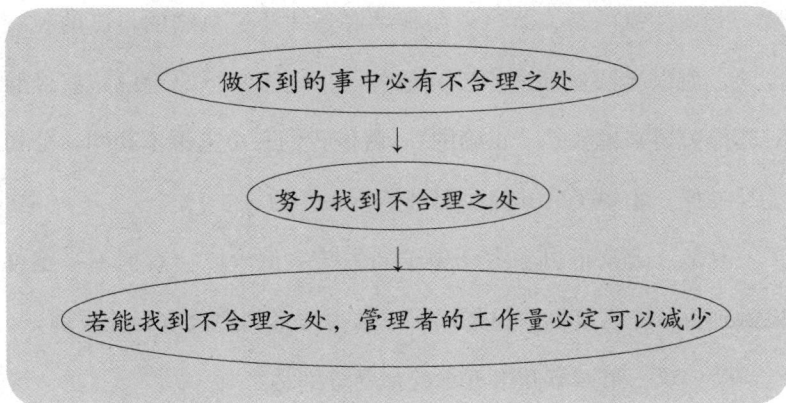

【图 2】轻量思考过程

这样的思考方式，才是本书想表达的"轻量管理"。

在前言的最后，我想介绍一下本书的结构。

第一章的标题是"舍弃管理者的六大'理想'"，这一章介绍了才望子为了实现"100 个人有 100 种工作方式"而舍弃的过时的理念。首先想请大家阅读第一章，了解目前自己身上的重担，接下来才能主动地去抛开这些负担。

第二章的标题是"离职率由 28% 到 4% 的艰难历程——才望子低谷期的故事"。本章总结了才望子在艰难时期所遭遇的各种事情。需要注意的是，第二章归根结底是才望子总结的自己的独特经验，所以无法保证适用于其他公司，也无法下定论说这些经验对其他公司来说就是"正确的"。就像我们每个人都不相同，公司也是一样，才望子和其他公司都是不一样的。

但是，大家可以参考才望子的失败案例。成功案例不一定可以做到百分之百复制，但依旧可以从失败案例中吸取经验教训。

第三章、第四章和第五章的标题分别是：

通过"闲聊"了解员工的想法；

轻量管理即彻底公开信息；

用"说明义务"和"提问义务"解决问题。

这三章主要围绕如何才能减少管理者的工作量、如何实现团队工作方式的多样化这两个目标，以及如何同时实现这两个目标而展开，并列举了实际案例。

　　在最后的第六章中，我基于自己在硅谷的经历，参考比我们稍微先进一点的公司的发展方式，讲述在"公司"的形态逐渐消失的环境下，人们究竟该如何工作。

　　讲述销售额、利润、成果至上主义等主题的"管理者教科书"随处可见。但是，秉持重视员工的多样性、工作舒适性，把员工的幸福放在第一位的理念对公司的影响，即"实验结果"相关的书籍还远远不够。

　　因此，可以将本书看成一份"实验报告"。希望本书能够成为迷路之时抬头一看便能明白方向的北极星，为工作方式改革以来当过无数次"夹心饼干"，现在已经迷失方向的管理者指出一条明路。

目 录
CONTENTS

第一章

舍弃管理者的六大"理想"

第二章

离职率由 28% 到 4% 的艰难历程
——才望子低谷期的故事

第三章

通过"闲聊"了解员工的想法

第四章

轻量管理即彻底公开信息

第五章
用"说明义务"和"提问义务"解决问题

第六章
"公司"消失后，人们该如何工作？

01

舍弃管理者的六大"理想"

互联网出现后，人们的价值观发生了巨大的变化。但是，社会对管理者和公司的要求还是一成不变。

想真正开始实践最轻量的管理吗？从打破自己的固有印象开始吧！

才望子不仅摒弃了人们长久以来对管理者和公司的陈旧观念，还突破了人们普遍意识中的管理僵化思维，用以下六种新的理念，保证员工能够以最轻松的状态投入工作：

① 管理者是职责，不是地位；

② 管理者需要公开信息的"决心"；

③ 管理者无须无所不能；

④ 组织架构由"金字塔型"转变为"篝火型"；

⑤ 接受 100 种距离感；

⑥ 比起"白色企业"，更应成为"透明企业"。

本章将按照以上顺序，逐个展开。

管理者是职责，不是地位

在一次经营会议中，董事长青野先生说了这样一句话：

"'部长'这个职位，是不是有点过时了？"

这是在讨论才望子新型组织架构时，青野先生冷不丁地冒出来的一句话。暂且不论他想说的到底是"部长"这个名称还是其工作内容，相信大家一定也有相同的感觉吧。

部长这个职位听起来很厉害。不过，管理者非牛人不可吗？

先来看看迄今为止公司所沿用的"金字塔型"组织架构吧。从"金字塔"的横截面来看（见图1-1），在公司中职位层级由下到上分别是组长、科长、部长，再到董事会和董事长。职级越高，地位越高。但是，如果俯视这个金字塔的话，会怎么样呢？

职位和地位的差距消失不见了，每个人都仅仅是别人视野里的一个点。

作为才望子的副董事长，受到原先组织架构的深刻影响，我总觉得自己跟其他员工的地位不太一样，还会时不时自大地觉得自己特别厉害。

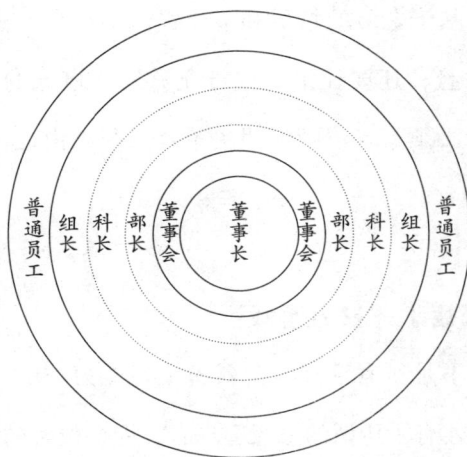

【图 1-1】金字塔型组织架构的横截面

事实上，"管理者非牛人不可"这样的认知本来就是错误的，我们正是被这种认知"洗脑"了，才会觉得下属听自己的话是理所当然的。

管理者原本就只是一种职位而已，甚至可以说是一种"功能"。

那么，为什么人们会有这样的认知误区呢？

为了产出工作成果，管理者最大的作用体现在决策上。这一点是从古至今都没有改变的。

管理者要基于上级的指示和下属提供的信息，决定接下来应该做什么，并且，还要让组织成员充分发挥自己的主观能动性。因此，管理者必须具备清晰说明决策背景与理由，让下属完全信服的能力。

大家都已疲于"权力游戏"

但是，并不是所有管理者都具备上述能力。所以，为了让下属服从自己，才有了所谓的上级管理者，即上位者的"权力"。

在我们以前的认知中，管理者都必须是"天选之子"，也必须品格高尚。当时，有这样一种价值观——上位者必须穿高级西装，不能做自降身份的事。而讽刺的是，正是因为有下位者，所谓的上位者才得以成立。

这就是"权力游戏"。长久以来人们处于这样的环境下，便逐渐产生了管理者即代表"地位"的错觉。

但不论是"伪装自己是强者"的人，还是"装作听话"的人，都已经疲惫不堪了吧。

因为信息和技能都曾是稀缺资源，所以管理者需要权力。现在，信息已经成为最不值钱的东西，甚至很多时候，最基层的员工得到消息的速度更快。如果说信息是决策的基础，那么现在这个基础已经不再由管理者独自享有。

所以，没必要再把技能或信息局限在管理者手中，管理者也大可不必把自己看得过于重要。"你怎么想呢？""这种情况下你会怎么做呢？"像这样，管理者需要做的是仔细询问下属的意见，以此获取下属手中自己所没有的信息，综合考虑后，做出决策。仅此而已。

管理者需要公开信息的"决心"

才望子采用的是"团体战"式的发展战略，而不是"个人战"。

进入互联网时代后，企业的竞争方式发生了巨大的变化。以前，企业的发展战略多以"个人战"为主。因为在当时的环境下，信息是一种宝贵的资源，企业需要通过信息不对称来制订相应战略，才能在与其他企业的竞争中脱颖而出。

但随着互联网的普及，信息的价值不断下降，现在的企业开始偏向"团体战",即共享信息,把公司分为不同的部门,由各个部门发挥各自作用的统筹发展战略。像这样,做到"彻底的信息公开",才是管理者的使命之一(具体参见第四章)。

隔绝信息,防止他人"抢功"的传统管理方式,已经不符合追求效率的时代潮流。要想打好"团体战",重点不在于复杂的管理技巧,而是需要摒弃"只有领导才能知道核心信息"这种自以为是的观念。简而言之,关键在于信息公开的"决心"。

但是,从经营者或管理者的角度来看,公开信息确实需要经过复杂的心理斗争。在员工掌握了只有经营者和董事会才能知道的信息的那一刻,公司就做到了扁平化。但是,这之后要如何管理员工呢?

此前,企业的发展战略和财务状况都是保密的,而一旦向员工公开这类信息,企业就再也无法对员工"说谎"了。

比如,公司制度要求向员工公开财务状况,这种情况下若企业明明有丰厚的利润,却以"效益不好"为由少发奖金,肯定会招致员工的不满;公司制度要求向员工公开公司发展战略,这种情况下若领导说"别废话了,就按这个发展战略走",员工也会有所异议——"这已经是红海市场了，竞争非常激烈"。

从员工的角度来看，又会如何呢？

公司向自己公开信息，代表公司信任自己。这对员工来说是一种莫大的鼓励。

通过向员工公开信息，管理者可以听到员工各种各样的想法，获得来自不同角度的反馈。能够孕育价值的不是所谓的个人魅力，而是众志成城、群策群力的团队精神。

最应该公开的信息是"过程"

话虽如此，但也会有人疑惑，到底哪些信息应该公开，而哪些信息又该保密呢？

答案是，除了内部信息和个人信息之外都可以公开。发展战略、新产品、新制定的人事制度……才望子基本向员工公开了所有的信息，甚至包括还未成型的计划。

我认为，最难公开却最应该公开的便是制订计划的"过程"。

现实中，我们经常会听到这样的声音：

"如果向员工公开管理层还在讨论中的内容，他们可能会感到混乱，或者提出各种意见，但我们不可能听取每个人的意见。"

"如果不听取员工的意见，还必须要给出理由。"

"沟通成本太高了。"

……

直白一点，就是管理层觉得员工不具备自主思考的能力。

但是，正是因为管理层和员工之间有信息差，才会有理解上的偏差，导致好不容易制订的计划因为事态发展"偏离预期"而不得不修改。抑或是虽然不用修改计划，但员工很有可能会因为不理解计划而抱怨"没听过""对这个计划一点也不了解""这个计划不会顺利进行的"，进而失去工作积极性。

这样一来，公司既无法提高生产效率，也无法取得预期的成果。

这时候再思考，究竟是跟员工公开制订计划的过程成本更高，还是修改甚至推翻已经制订的计划成本更高呢？

管理者无须无所不能

在序言中，我曾提到才望子放弃了"人管人"的制度。那么，放弃之后的管理者究竟做什么工作呢？

用一个词来概括——请求。请求别人工作，听起来仿佛是庸碌无为的管理者的行事风格。

有这种感觉是正常的。但是，为什么会这么想呢？因为我们都是以管理者必须是最有能力的人这一点为大前提进行思考的。

在这样的前提下，自上而下的管理方式才能行得通，员工才会将管理者说的话当作铁命令。不必一一解释，员工只需按照指示工作，这样的方式曾被认为是最有效率的管理方式。

才望子也曾这样。当时，很多管理者都深受"昭和价值观"[①]影响，我也是其中一员。

曾经的我认为，做决策，速度必须是第一位，哪怕决策不被全员接受也无所谓，不接受的人可以选择离开。当时的我陷入了

————————

①昭和价值观：指注重传统道德的价值观。昭和是日本的年号，昭和时代指 1926 年—1989 年。

一种误区——如果听了员工的意见，公司效益也没有改善，渐渐地，公司就会走向溃败，员工也会流落街头。与其这样浪费时间还不如直接开干！

但站在员工的角度来看，他们好不容易鼓起勇气提出的意见就那样被管理者断然拒绝，工作动力一定会受到影响。

现在想想，决策速度就是一切吗？

哪怕决策的速度再快，如果流程不适配、过程和信息不透明、目标不清晰，员工也是不会接受的。无视员工的想法直接推进，工作效率也难有提升。

再说回管理者的理想形象上来吧。

管理者必须是一个团队中最有能力的人吗？

不是。我之所以会摒弃这种想法，并开始认为我当不了一个传统意义上的管理者，可能就是因为员工都太优秀了。

只要是一个向上发展的公司，不论在哪个时代，不论是什么年龄，越晚进公司的员工总是越优秀，专业性也越强，个性也越丰富。销售、市场、程序员……新人总是比老员工懂得更多新兴事物。

随着公司越来越大，工作内容的涉及面也越来越广，对专业性的要求也更加多样化。这样一来，管理者就不可能面面俱到，也不会在任何方面都比其他成员优秀。换句话说，如果管理者一个人就能做所有工作，那还要团队做什么呢？

因此，几乎不存在所谓的"管理者必须做的工作"。

举例来说，管理者没必要每次都亲自报告，只需交给口齿伶俐的人就可以了。就算数据分析很重要，也没必要自己一一校对表格里的数据，只需拜托数据分析能力强的人来做市场调查就好。再换个角度，如果管理者对自己的销售能力很有自信，就自己承担销售任务，这样才是最理想的。

总之，对管理者来说最重要的是，掌握团队成员各自擅长的工作。

虽说自己的不断成长非常重要，但这并不代表必须以一己之力承担所有的工作，否则会得不偿失。

值得注意的是，本节并不是告诉管理者所有事情都应该交给别人去做，而是在强调不要把自己（管理者）和员工明确区分开来。管理者需要根据每个人的个性和特长来分配工作，因此也就没有明确的能力高低之分了。

千禧一代和昭和一代有根本上的不同

可能会有人与我持相反态度，觉得"我们公司的人没那么优秀""新人水平还是不够高，不推他一把根本不会前进""最近的年轻人大多是等待指令型，缺乏主观能动性"等等。

这样的定论，未免过于随意了吧？

以前的员工只需要按照管理者的指示行动，管理者自己也认为员工不可能给出好的意见。现在虽然员工突然拥有了积极发表意见的自由，但他们的思维是很难转变过来的。管理者想要立刻改变员工的意识，让他们有所成长，这是以自我为中心的想法。

基于我的经验，有一点令我感触颇深——"权限"是一个很恐怖的东西。

有权限的人制定规则，强行把不同的人对应到"优秀人才"的框架中去，让员工不得不遵守规则，不符合要求的人立刻就舍弃……我曾经也这样做，现在的我从中反省良多。我体会最深的

①千禧一代：指出生于 20 世纪且 20 世纪时未成年，在跨入 21 世纪（2000 年）以后成年的一代人。
②昭和一代：指 1926 年至 1989 年出生的一代人。

一点是，如果管理者在组织中尝到了权力的甜头，就会逐渐变得自我、自大，产生自己无所不能的错觉。

仿佛自己就是掌控众生的"神"。

这种错觉简直令人毛骨悚然。

看着团队跟着自己的想法走，享受自己对团队的控制，欣赏在自己的带领下完成的"高效工作"……我只能说这样的人是在满足自己的表现欲，也可以说是一种利己主义。

其实，如果员工跟着利己主义的领导能够有幸福感，也不失为一种"正确"的领导方式。但是，千禧一代，甚至更年轻的"Z世代"①，和原来的昭和一代是不同的，Z世代的人更是如此，他们在物资丰富、互联网发达的时代出生、长大，可以轻易从无数的信息中找到自己感兴趣的内容，即使和身边的朋友合不来，也能通过网络找到兴趣爱好相同的朋友。

也就是说，他们不必为了身边的人而改变自己原本的想法和性格，而是能自由地选择和谁交往。他们是重视自己直观感受的一

———————————

① Z世代：指 1995 年至 2009 年出生的一代人。

代人。

正因如此，自上而下式的管理方式对他们是不起作用的。

去体验自己喜欢的事物，然后分享，这才是现在年轻人的行动原理。这一点也体现在他们找工作、选公司上。

现在的年轻人会因认同感而改变行动方式，也会因认同感而创造成果。当前的时代，不单是指信息来源从报纸变成了互联网，工作地点从办公室变成了咖啡厅，还有人们的行动原理，也就是团队行动原理的范式正在发生变化。

若一个团队的行动原理开始发生改变，那么组织的形式也应该发生变化。

组织架构由"金字塔型"转变为"篝火型"

曾经的金字塔型组织架构，正在成为旧时代的"遗物"。对于由认同感引发行动的年轻人来说，曾经的组织架构已经不再符合他们的思维方式。

不论在哪个公司，跨部门合作、跨公司合作的"项目型"工作都在增加。这样一来，决策的过程会变得越来越复杂。

如果参与项目的部门有营业部、企划部、市场部与外部合作方，那么做决策之前，要先经过本公司的营业部、企划部和市场部各自的组长、科长、部长的审核后，才能与外部合作方签约……这样想来，光是审核项目就需要很长时间。

金字塔型的组织架构已经无法完全覆盖所有领域了。所以，公司必须调整组织架构。这个重任最终落到管理者身上，需要耗费大量时间和精力。

此时，我意识到，为什么不尝试把组织架构变为"篝火型"呢？

什么是"篝火型"组织架构？

大家有没有围着篝火玩耍的经历？在小学或者中学参加学校组织的野营旅行时，应该都这么玩过吧。现在，请大家尽力回想一下当时的情景。所有人围成一个圈，点燃篝火，听着篝火"噼噼啪啪"的声音，或唱歌，或跳舞，或游戏。不知不觉之中，就度过了欢乐的时光。

我希望在公司里，也能看见大家围绕中心目标进行工作的情形

（见图 1-2）。

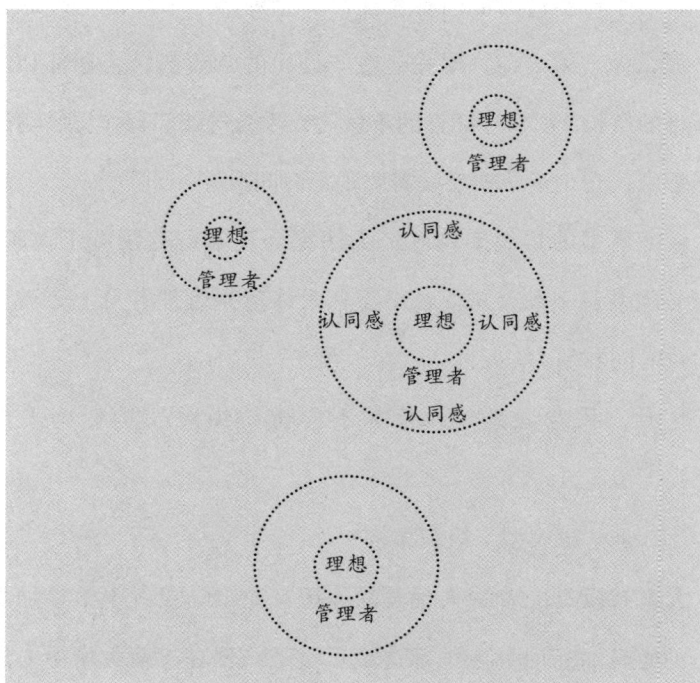

【图 1-2】"篝火型"组织架构图

没有管理者的开发部门

在篝火周围的人，尽情唱自己想唱的歌，跳自己想跳的舞。

他们没想受到所有人的瞩目，只是单纯地在做自己想做的事情。

放在商业中也是一样。

"我也有同样的困扰！"

"所以我才想这样解决问题！"

诸如此类，有人描绘出对未来的构想，就好似火把一般照亮了未来的路。于是，人们被光亮所吸引，相同的憧憬让他们聚集在一起，有的人擅长销售，有的人擅长编程，大家组合在一起构成一个团队。

当然，也有人因为害羞，不愿在人群中唱歌跳舞，只想在附近默默观看；还有的人觉得其他的篝火更有趣，从此处离开。甚至有的人自己燃起篝火，或在其他的篝火旁尽兴之后又回到从前的篝火旁边。

在一个篝火队伍中，不存在能力高低之分，也不存在正误之别。每个人只需发挥自己的作用就好。

如果非要说一个能让人们自发聚集起来的理由，我希望是人们发自内心地觉得这堆篝火有趣、开心，由衷地觉得这里很好。

实际上，在才望子的开发部门，尽管员工有 160 人，但已经没有了"管理者"一职，金字塔型的组织架构也早已消失。

才望子的这种做法还处于实验阶段，最初是员工提出"已经不再需要'管理者'一职了吧？"这样的建议，于是作为管理者的我们从意识出发，开始思考"现如今的组织架构是否妨碍了团队发展？""现在的组织架构是否匹配当今的状况？"等问题，现在，变更组织架构这个议题已经正式提上了才望子的改革日程。

接受 100 种距离感

我想问大家一个问题。金字塔型组织架构有的，但篝火型组织架构没有的是什么？

"100% 的忠诚"。

到目前为止，金字塔型架构的公司根据员工是否遵守公司的规定来判断员工的忠诚度。比如，能否全勤甚至加班，能否融入上级与客户的酒会中，能否接受更换工作地点甚至调任国外，即使结婚生子也能做到服从公司命令，哪怕独自前往陌生的城市工作等。

只有完全服从公司的指示，上级才会觉得这个员工可堪重用，给他升职加薪。

反过来说，如果对公司的决定有异议，上级就会觉得这个人不够努力，考评也不会给他"优秀"。若有人对工作不满意，选择跳出这个框架，公司也不会给他再回来的机会。

围城的墙越砌越高，公司也不断扩张，这便是我们所说的"经营"。

客观来说，这样的管理其实是不合理的。

反观篝火型组织架构，既有唱歌跳舞的人，也有反复进出的人，还有人半个身子在篝火圈之外。再仔细看篝火型的组织架构图，你会发现，以篝火为中心，每个人离篝火的距离都不尽相同。这便是"100个人的100种距离感"。进一步来说，随着全球化的发展，价值观愈加多样化，要求员工"100%的忠诚"也愈加难以施行。

现在，很少有人能在一家公司干一辈子。虽然大城市的工资比较高，但越来越多的人开始回到家乡，和家人在一起。如果选择回家，一个人的人生阶段和生活方式都会改变，但在改变过程中又有可能找到新的发展机会。

才望子已经不再要求员工完全听从公司安排，信任公司的任何决策。因为忠诚和信任并不是有或者没有，而是可以增减的。话虽如此，如果对公司理想的认同感是零的话，这个团队也很难维持下去，所以才望子努力做到让员工对公司的理想保持一定的认同感，并在此基础上发挥自己独特的作用，获取工作报酬。因此，才望子的理念是——员工只要能认同公司的理想并和其他共事者一起努力，哪怕不是 100% 认同也完全没问题。

举个例子。如果你有一位一年只能见一次的朋友，你们 20 年来都保持着良好关系。现在因为一些原因你们有机会每周都能见面，但说不定你们不会因此而更加亲密，反而会发现彼此的缺点，甚至不愿再见面。

人们对舒适社交距离的定义是不同的，因此才望子以"100 个人有 100 种距离感"为目标，不断调整和建设团队。

拒绝空洞的口号文化

我曾经也过分在意员工是否忠诚。比如在研修学习时，我会询问他们"你们对才望子的理想产生共鸣了吗？"，或是一字一句地教给他们"才望子的五大理想"，要求他们一起大声朗读，一个字都不能出错。

但是，结果却差强人意——大家都记不住。我当时还对这件事耿耿于怀，因为在培训前我还特意把原来的"七大理想"减少到了五个，没想到还是没有效果。

这种所有人都站成一排，与公司理想保持相同的距离，一同朝着目标前进的方式已经过时了。管理者不必强求员工对团队100%的忠诚。说实话，可能连董事长也做不到吧。

有的人把50%的精力放在公司，30%的精力放在家庭，再各分10%的精力给副业和休息；有的人将30%的精力放在公司，50%的精力给到副业，最后再给家庭和休息时间各10%的精力。

不论如何分配都是没问题的。

我们在提起团队时，总会说"提升员工对团队的信任感，创造更好的团队""构建信任关系，使团队成为一个整体"等，以此强调员工对团队的"信任"的重要性。

但是，员工又怎么想呢？

听到公司反复强调信任、信任……员工只会觉得"假大空"。

当然，好的关系总是比不好的关系要强百倍，但是员工过于信任公司的话，那就会产生"管理者说的话是 100% 正确的""只要是上级下达的命令誓死也要遵守"的错觉，不加思考地遵守上级命令。这样一来，就失去了团队合作的初心。

我们应该强调的不是信任，而是距离感。

有的人很快就能和每个人混熟，和所有人成为好朋友；而有的人把工作和私生活分得很清楚。这都是由每个人的性格决定的。所以，我们现在希望每位员工都能在公司里有让自己舒适的距离感，这也体现了对他人的尊重，同时也是我们想要构建的"信任关系"。

比起"白色企业"①，更应成为"透明企业"

最后，我想介绍一下我们放弃让员工记住"才望子的五大理想"的主要原因，同时也是才望子的最大的特征。

那就是"光明正大"。

媒体提到才望子公司时，经常说我们是白色企业。实际上，我们的目标不是成为一个白色企业或黑色企业②，而是成为一个行事清晰的企业，即透明企业，做到"光明正大"（见图1-3）。

找工作时，人们经常会苦恼于如何判断一个公司的好坏。当然，如果能在重视工作与生活平衡、舒适性高和福利好的白色企业工作最好，实在不行的话，至少也想避开把员工当奴隶用的黑色企业……

但是，我觉得不能全盘否定黑色企业。

---

① 白色企业：指由于福利和保障充实、离职率低、工作环境良好而受到社会高度评价的企业。
② 黑色企业：指劳动环境恶劣、对员工要求苛刻、加班时间过长，甚至扣护照扣证件，且屡教不改的企业总称。

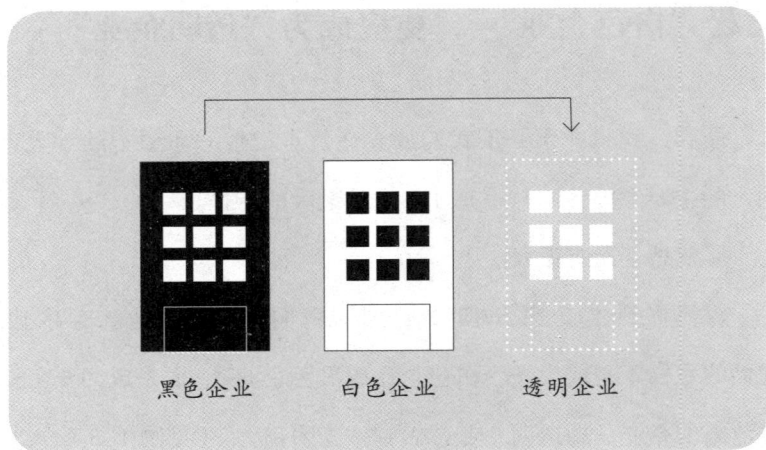

【图 1-3】大众眼中的三种企业

为什么这么说呢？因为有一些所谓的"黑色企业"会在招聘时就说清楚："我们这里的工作会非常辛苦，但工资会到位，工作也很有意义，市场成长空间很大，你和我们一起努力的话，可以让公司变得越来越好。希望你理解这几点之后再来工作。"

如果一开始就把信息公开，做不做这份工作的选择权就在应聘者自己手上了。

当然，我并不赞同无偿加班和长时间劳动，这样不仅会把身体搞垮，甚至有可能会造成猝死。实际上，在多数情况下，初创公司的劳动时间比大企业更长，福利制度也没那么完善。但是有一点值得一提，就是很多人会因为社会性满足感、工作意义以及丰厚的绩效而选择进入初创公司。毕竟每个人的想法和理念都各不相同。

要真正做到尊重每个人的个性，那么不论是喜欢拼命工作的人，还是想要早点回家享受个人时间的人，都应该得到包容和理解。

谁先彻底公开信息，谁就取得胜利

现在还有很多公司害怕公开信息。

公司为了给股东和应聘者展示自己最好的一面，总是在投资者能看到的信息网站或招聘网站花费很大力气，在介绍页面写满对自己有利的信息，极力掩饰对自己不利的信息。

但现在，不论公司怎么修饰发布信息试图"说谎"，其不良历史都会被暴露。有很多面向跳槽人群的口碑网站，记载了许多公司的企业文化、工作舒适性以及进入公司前后的落差等内容，甚至离职原因也写明了。还有很多人在博客或社交媒体上匿名透露只有员工才能知道的公司缺点。

先公开信息的公司会赢得主动权，甚至可以说，谁公开得更彻底，谁更容易获得成功。

曾经，才望子也是人们所说的黑色企业。

公司奉行成果至上主义，鼓励员工、业务部门之间相互竞争，员工长时间工作的现象也随处可见，上级甚至会在公开场合说"适应不了高强度工作的人请自行辞职"。

在这样的情形下，一口气把公司改造成白色企业是不现实的。所以，公司首先定了一个小目标——公开透明。在朝着这个目标努力的过程中，公司才渐渐成为媒体眼中的白色企业。

才望子舍弃了白色企业的理想，在回归管理公司的初心之后，找到了适合自己的轻量管理方式。

我们并不是一开始就意识到"现代管理者的理想形象其实已经过时"这一点的。在我们依靠以前的管理常识一步步走来的过程中，很多陈旧的管理方法都难以发挥作用，我们这才想要实现"100 个人有 100 种工作方式"的管理模式。

所以说，离职率从 28% 降到 4% 是一个漫长的过程。这样的过程，很多企业早晚也会经历。所以，在下一章我将向大家介绍才望子先于大家的这段经历，不论好坏，我会尽量真实地、光明正大地向大家分享。

02

离职率由 28% 到 4% 的艰难历程
—— 才望子低谷期的故事

才望子的曾经，可能是贵公司的将来

离职率由 28% 降到 4% 究竟是怎样的过程？

才望子的这段经历，就是对今后的公司形态和管理者的作用进行假设、实验、发现的过程。

现在正在看这本书的读者，也和十几年前的我们一样怀抱着相同的不安和困惑吧。

虽说作为初创企业成功在社会中立住了脚，员工也急速增加，但是管理方法却逐渐失去了以前的效用，中层管理者无法兼顾提高工作业绩和保持下属的工作热情这两大任务。就这样拖下去，把公司变成"让员工想辞职的公司"？还是以"能让人愉快地工作的公司"为目标开始努力呢？现在到了至关重要的岔路口。

才望子的曾经可能是贵公司的将来。正因如此，我想用几十页的篇幅把这个过程介绍给大家，希望能够对大家今后的管理工作有所启发。

下图为才望子从 1997 年到 2018 年从业人数与辞职率的变化（见图 2-1）。

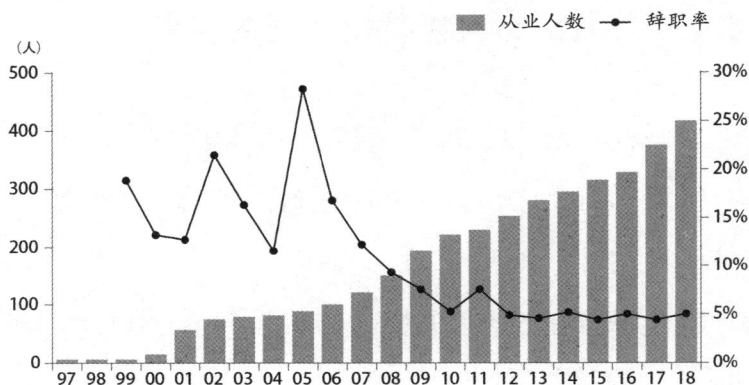

【图 2-1】1997 年到 2018 年从业人数的辞职率变化

10 多年前的才望子是一家黑色企业

才望子现在是东证一部的上市企业，拥有约 800 名员工。在日本国内的 8 个城市及中国、美国、澳大利亚等 5 个国家的 8 个城市设立了办事处，有的地方还成立了集团公司。才望子仅在日本国内就有 850 万用户。在国际上，中国约有 1000 家公司、美国约有 350 家公司、东南亚约有 400 家公司的法人正在使用才望子的群件软件。

现如今，我们放弃了成果至上主义，已经基本实现 100 个人有 100 种工作方式，真正做到了尊重员工个性。公司的业务顺利开展，新产品的发展也步入正轨，业绩也有所提高。

很多人读了本公司出版社发行的才望子系列书籍后，会对才望子产生"看起来工作舒适性很高，真是个好公司啊"的印象，我想在此先对大家表示由衷的感谢。

实际上，公司现在看起来很不错，是因为进行了改革。在此之前，可以说才望子跟白色企业完全不搭边。

2005 年左右，青野董事长刚统管公司。当时，公司的离职率超过 28%，这意味着一年后，每 100 人中就有 28 人会辞职，即公司有超过四分之一的人都干不下去了，平均每个月有 2~3 人。

这样一来，几乎每两周就要为离职者召开一次欢送会。而且，欢送会的气氛并不欢乐，甚至可以说是死气沉沉。

公司内部气氛沉重，业绩压力也达到了极限，完全没有令人开心的事情。

当时的才望子目标是"无论如何都要提高销售额"。在紧张的竞争环境中，大家被迫孤军奋战。"因为是初创公司，所以努力是理所当然的。""为什么连这种事都做不好？"以类似这样的理由，公司不断地向疲惫的员工施加压力。

"这样做是不是错了？再这样下去，才望子可能会失去仅剩的优点……"

终于有一天，我对青野董事长这样说。

"请再次让公司变得优秀吧。"

"我还是想创建一个优秀的公司。"

以此为契机，青野董事长和我开始重新审视公司的方方面面，包括管理方法、人事评价制度、工作方式等。当时公司大概有130名员工，还属于"亡羊补牢，为时未晚"的阶段。

必须在公司规模还不算太大，还有机会深入了解每一位员工时，改变公司的风气和制度。这是我们当时的想法。

"要是能早点注意到公司需要改变就好了。"回过头看看，我难免会这么想，但是只要发现这一点并做出了改变，一切都为时不晚。

接下来，我想讲一下我跳槽到才望子之前的故事。

在市值居世界第二的银行工作的酸甜苦辣

我大学毕业后进入的第一家公司是日本兴银（下称兴银），现在已经并入瑞穗金融集团。

在泡沫经济时期，兴银被评为市值居世界第二的大银行。当时是 1992 年，我还没有找到自己真正想做的事，在那个时期能够进入兴银，我简直不能再幸运了。

最初我被分配到市场营业部，主要工作是向投资家介绍金融商品。工作的第 4 年，我被调到了广岛分行，开始参与以面向法人为主的融资业务。

令我印象最深刻的是和开发了游戏《魔法气泡》系列的公司——卡派尔①的融资交易。

《魔法气泡》爆火以后，卡派尔的业绩迅速增长，粉丝不断增加，还在幕张会展中心②举办大规模活动，人们对游戏的追捧简直

---

① 卡派尔：Compile，日本一家老牌游戏开发商，现已倒闭。——编者注
② 位于日本千叶市的大型会议及展示中心，规模在日本国内仅次于东京国际展示场。——编者注

到了狂热的地步。

创建卡派尔的是仁井谷正充，他是完全可以被称为"天才"的人物。我见证了他的崛起，深深惊讶于仅需一个天才的想法就能获得商业上的成功的事实，并感受到了人们对《魔法气泡》的狂热喜爱。也是在此时，卡派尔想要开展新的商业软件业务，于是申请了融资，兴银也就此成为其融资的主要银行。

但是，看似蒸蒸日上的卡派尔公司，在后来的发展中瞬间就似泡沫般破灭了。原因是卡派尔和其他金融机构没谈拢，所有资金被一下子全部撤走，资金周转不开，导致公司"Payoe ~ n"（《魔法气泡》中可以连续消除一定数量气泡的咒语）般地露出经营破绽。

也因此，即便是如此吸金的《魔法气泡》，卡派尔也不得不把其著作权卖给世嘉公司。

从这件事中，我感受到了商业经营的重要性——无论创作者再怎么聪明，想法再怎么新颖，商品再怎么畅销，都不能百分之百代表这个公司获得长远的发展。

和互联网公司的创业者共商未来

见证了《魔法气泡》的悲剧之后，我突然被调往东京，开始参与媒体和信息通信企业公司的相关业务。

当时，上级给我下达命令："在今后的时代中，兴银仅靠给大企业贷款是无法发展的，因此想让你接触未来很有可能会高速发展的产业。"就这样，我开始对 IT 初创公司开展调查，寻找和投资、合并收购相关的商业机会。

当时是 1996—1998 年，IT 泡沫危机开始的前夜。

我当时发掘了很多创业公司，和这些公司的创业者商谈合作。比如，和我一样在兴银工作过的一个同事，他创建了"乐天"（当时还名为"乐天市场"）。还有创建了"赛博艾坚特"（CyberAgent）、"DeNA"①的其他创业者。

为了方便谈合作，我还借了兴银总部的一个房间，定期召开像"互联网恳亲会"②一样的活动。

---

① DeNA：世界领先的网络服务公司，业务涵盖社交游戏、电子商务等领域。——编者注
② 恳亲会指旧时学校邀请学生家长，以沟通学生情况的活动。这里指召集多个互联网初创企业负责人，一起商谈合作的活动。——编者注

初创企业的负责人大多是与我同一时期出生的。虽然我们的人生经历完全不同，但看到他们雄心勃勃，认真发展互联网行业、追求梦想的姿态，我的内心也受到了不小的冲击。

日本大企业的企业难题

时间来到我在兴银工作的第 8 年。当时，和我同一时期进入公司的很多员工已经升职了。但我自己并没有对频繁的调任或改变工作内容有什么特别的不满，我仍旧觉得自己是个幸运儿。

身处日本银行业的头部公司，新进公司的员工能力越来越强，所以总有人恃才傲物，甚至在公开场合说自己上级的坏话。

为什么呢？因为他们对等级森严的年功序列制不满——不论下属再怎么优秀，任命科长时总是优先工龄长的人。

所以，一些上级会被有能力的下属诘问——"你连这个都不会吗？""你凭什么当科长？"有的话甚至暗含对对方人格的否定。

不论上级下达什么命令，下属都会以所谓的"正确做法"反驳，上级只能哑口无言，有时那无地自容的样子连我都不忍看下去……有的上级甚至被下属"顶撞"而陷入了自我怀疑，最终发展成抑郁症，无法上班。

至此，我深切地感受到不能再在银行工作下去了。

如果我的下属比我优秀，我肯定也会像那个科长一样，被问得什么话也说不上来。虽然忍耐这一点有可能让我做到科长甚至部长，但问题在于以我的性格这是不可能的。

最终，我在兴银待了 8 年仍旧是一个普通职员。虽说我也有后辈，但我一直都是"边缘员工"。即便如此，我也没有消沉，还是对业界特有的一些习惯保持着批判的想法。

有时我也会对上级提出质问："做这个工作有必要吗？为什么必须做这个？"这时，上级就会威胁我："山田，你还想不想出人头地了？"当时的我还会反驳："到底怎样才算出人头地？！你有时间威胁我，不如先改变自己的想法吧！"

现在回过头来看，那时的我还真是个愣头青呢。

实际上真正令我愤慨的不是银行业务，而是大企业的"潜规则"——以前养成的习惯、定下的规矩都是正确的，所以不能思考、不能质疑，要一直沿用下去。比如：

保密

公司不仅有不能对外部人员说的秘密，还有一个部门不能对另一个部门说的秘密，甚至连上级和普通员工之间都有秘密。记得有一次，我的上级为了应付公司的检查部门，明哲保身，还让我修正工作内容。

反过来说，正是因为有很多信息没有向普通员工公开，所以员工内部总会产生一些谣言，被人们口口相传，整场公司酒会像八卦大会一样。

审批流程过长

文件审批流程过长，需要遵循的规定太多。为了成功通过一个审批，首先得在业务手册里查找相关的规定和记载，而业务手册极厚，查找规定就是一项大工程。正因如此，能够完全背下这些条例的人会被评为"优秀"。但实际上每个公司的条例不同，在一家公司所熟知的条例在另一家公司根本不适用。

规矩死板

上班必须穿特定的服装，在特定场合使用特定的遣词造句，盖印章的方法，事前沟通的顺序……公司的规矩数不胜数。员工受到的束缚过多，积极性也有所下降。

无法自主决定职业规划和工作场所

员工很难根据自己的意志制订结婚或买房计划，不论是升职加薪，还是调任指示，员工都必须完全听从公司的命令。面对调任的指令，即使自己的另一半换到新环境很难找到新工作也没办法，员工只能听从。如果有小孩，为了孩子的学习，员工则不得不只身赴任……

年功序列制

一般来说，不论本人是否优秀，如果能够忍受一团乱麻的工作，那么不管怎么样，最后都至少能当个小领导。但是，升职加薪并不代表公司对自己有所期待，只是公司遵循一直沿袭的规则而已。这背后隐藏的不仅是制度上的问题，还有"年长者更有话语权"这样的工作氛围的问题。

经营理念和愿景理解不透彻

边缘员工几乎没有见到银行行长，也就是公司董事长的机会。董事长一年只会来我们的楼层一次，那便是新年的第一天。他会过来对我们说："新年快乐！今年也请多多加油。"而我们只需应和"是"，就好似见到了微服出访的皇帝一般，连头都不能抬。仔细想想，在我们无法参与的情况下，领导们就制订了发展战略和方针，我们这些员工对经营理念和愿景都还没理解透彻，只是为了工资而工作罢了。

在日本的头部企业，我切身感受到了现有的管理制度的局限。

当我还在思考自己工作的意义，寻找自己在公司的存在价值时，突然传来一个晴天霹雳——兴银和别的公司合并了。

虽然我经常抱怨，但听到这个消息我还是很震惊。我猛然意识到，其实我的内心很感谢兴银，是它给了我成长的机会，哪怕是像我这样"不服管教"的员工，兴银也给予了我丰厚的工资。

但是，一直包容我、教会我职场第一课的日本兴银，从此消失了。

于是，我决定离开。

遇见初创时期的才望子

在这一时期，东京发生了一些变化。

"互联网将会改变世界！"

1999 年，涩谷每月定期召开"比特谷"（Bit Valley）活动，每次都有超过 1000 人参加。其中有蒸蒸日上的互联网初创公司、相关的金融机构和投资家，以及风投公司。

当时的东京都知事①石原慎太郎和日本银行的总裁速水优都参加过这个活动，甚至软银的总裁孙正义也曾在参加达沃斯论坛后火速赶到比特谷现场。仿佛泡沫经济的繁华又重现一般，人们聚集在一起热烈地讨论起互联网的未来。

---

① 东京都知事：东京都行政首长，负责与处理东京都大小事务。与东京市长不同，知事是市长的上级。——编者注

那时，二三十岁的青年创业家们思考着如何创造互联网商业帝国，在现实中实现互联网"梦一般的未来"。甚至连他们回邮件的时间也只能排到所有工作结束后的深夜。他们拼命且充满激情地工作着。那时的我又在做什么呢？

可能在别人看来，我的工资比他们高，也更有社会地位。但是我却找不到人生价值，整天苦着脸工作。当时我已经结婚，长女刚出生。随着孩子的长大，我换工作也会变得越来越困难。但是，我不想成为把自己的不幸归结于孩子的父亲，我不想在孩子长大后对她说："虽然工作得很不开心，但是我忍耐下来了，这都是为了把你养大啊。"

大家也一定不想成为这样的家长吧？那么，就放手去做自己想做的事吧！

当时，兴银已经被合并，正是我辞职的最好时机。要不辞职后去创业？我思考着未来的方向，每天晚上和前辈在银行的茶水间谈天说地，我们都觉得今后将会是互联网的天下。

但是，当我把这个不成熟的想法告诉朋友时，却被否定了——"用那么不成熟的商业模式创业是不可能的，而且你是银行职员，不太可能拉到新的业务。"

就是在那时，朋友把我介绍到刚成立不久的才望子。

这就是我和才望子的初次相遇。

1999 年 12 月 6 日，我永生难忘的日子。这一天，朋友向我介绍了创建才望子的董事长高须贺宣先生，我们相谈甚欢。之后的第二周我就去了大阪，和合伙人畑慎也先生及现任社长青野庆久先生见面会谈。

至此，我的意向变得明确起来——我想和这些人共事，绝对要和他们共事。所以，我在 12 月 24 日就直接向银行的上司提了辞职，一个月后顺利进入了才望子。

跳出《半泽直树》^①的世界

为什么我这么想在才望子工作呢？

首先，我的确被他们的业务和商业模式打动了。其次，我也想通过信息技术让世界变得更好。最后，群件软件市场潜力巨大，

---

①《半泽直树》：日本电视连续剧，主要讲述主角半泽直树在银行工作的经历。

发展前途很广。

话又说回来，像我这样的银行的边缘员工，掌握的 IT 技术最多只是 Excel，并没有真正理解 IT 的厉害之处，只是单纯地憧憬着 IT 的未来，懵懂地进入了这个行业。

但是有一点我非常确定，即他们在开展业务中都秉持公开、透明的原则，非常"光明正大"，十分认真。

虽然他们和我年龄相差无几，却说出了这样的话。

"公司是社会的'公器'。公司通过'销售'从客户那里获得金钱，又用这些钱制造更好的商品，提供给客户。然后，又获得金钱，制造更好的商品……这样就可以形成一个良性循环，持续为社会贡献自己的力量。这才是公司和商业存在的意义。"

青野生于爱媛县今治市，高须贺生于松山市，两位都曾在松下电工（现松下集团）工作过，深受松下创始人——松下幸之助的经营哲学影响。

"这些人来真的啊。"这是我当时的想法。

在那之前，我们都仿佛是在《半泽直树》的世界里生活。

虽说当时《半泽直树》的小说还未发行，但是半泽直树的人物设定就是"在 1992 年进入银行工作"（电视剧版）的。所以，我和半泽直树基本上是同一时期进入银行业的人。

我刚拿到兴银的录取信没几天，兴银就爆出了大阪高级餐厅老板娘尾上缝的事件（她个人向银行总共借了 11，975 亿日元）。我一连数日都能在新闻中听到自己即将工作的银行的负面消息。

进入兴银工作一年后，泡沫经济逐渐破裂，当时的董事长突然因为渎职罪被逮捕。此后每次大藏省①和日本银行监察组来调查，上级都会命令我把文件放到纸箱子里，带回仓库或宿舍，而我们甚至不知道这些文件是什么。随着泡沫经济一起破灭的还有人们曾经为了金钱、为了明哲保身所制造的谎言。曾经光鲜亮丽的人们再也瞒不下去，问题一个接一个地暴露出来……

在遇到才望子的三人后，我萌生了一个想法——借此机会换个工作，堂堂正正地、昂首挺胸地做人，哪怕以后的工作不会一帆风顺，哪怕被他们欺骗，我也不会后悔。

所以，在 2000 年 1 月，我加入了成立仅两年半的才望子，当

---

①大藏省：主管日本财政、金融、税收的政府机关，2001 年经改制后分为财政省和金融厅。

时包括合伙人在内，所有员工加起来刚超过10人。这个决定很"鲁莽"，但是我现在很庆幸自己曾经的"鲁莽"。我现在快50岁了，但仍然能清晰地记得当时和他们热烈讨论的情形，还记得像少年一般充满热情的青野。

以"增长""效率""成倍"为关键词的初创公司

进入才望子后，我加入了合伙人阵营，成为团队中的第四人，担任 CFO（首席财务官）。这个职位听起来很响亮，其实一个下属都没有，是"首席"也是"末位"（不久后员工增加，我也终于拥有了自己的下属）。

在管理财务的同时，我也开始为公司的上市做准备工作，于是工作变得更加复杂，不仅需要学习法务知识，制定公司内部章程，还要与证券公司和审计书面往来，甚至有时还要参与人事工作，面试、录用新员工。

可以说，除了开发和销售之外所有的活，我都涉及。

在独自负责整个管理部门时，我陆续招募、录用了新的员工，开始有了自己的团队。从那时候到现在，20多年过去了，其间我遇到了不少困难，也进行了很多"实验"。

20 多年前的才望子是被寄予厚望的初创公司。所以，加速增长、提高效率、倍速发展自然成为我们的目标。慢慢地，我们的梦想也越来越大，甚至想超过微软或万国商业机器公司（IBM），成为世界第一！

我们每天都工作到深夜，已经没有了"加班"的概念。

"家什么的不用回也没关系""为了我们的目标需要加倍努力""现在可不是偷懒的时候""还管别的干什么，专心工作就好了，用我的休息时间来换取公司的发展！"这是当时的我们共同的心声。

哪怕仅有一次，大家也曾在脑海中想过类似的话语吧。或者，真正说过这样的话。

就这样，我们顺利实现了营业额增长，业务也越来越多，我们想做的事，以及不得不做的事也不断增加。因此，我们增加了员工数量，每个月都要招人，想尽办法把工作分配出去，但还是完全不够，所以继续招人……我们一度忙碌到没时间跟进现有员工的工作进度。

　　而且，跳槽来初创公司的人大部分都很"难搞"。那些员工常常会说"我一直都是用这个方法，我很自信。接下来我想继续发挥这个方法的优势让公司实现飞速发展"。

　　就算我作为管理者下达业务指示，也有人说"我拒绝。我更想做另一项工作"，要不就是"我在上一家公司就是这么做的，绝对没问题"，或者"我是为了实现个人发展才来这里的！请给我难度更高的工作"，等等。

　　总之，那些员工完全不听我的话。为了和他们"对抗"，我只能做一个严厉且强势的管理者。

　　话虽如此，因为公司的业绩蒸蒸日上，所以团队氛围也并不算恶劣。大家都很忙很累，都在吃初创公司必须经历的苦，但公司的发展又是肉眼可见的，说起来又是为了各自的梦想在努力，所以大家都团结一心，朝着同一个方向前进。

　　这一时期，面向中小企业的群件软件才望子办公软件 [1](Cybozu Office) 大受欢迎，趁此热度，我们开始开发才望子

---

[1] 日本才望子公司开发的一款基于互联网的跨平台办公室解决方案。

加洛软件 ①(Cybozu Garoon) 等新业务，公司员工也达到 100 多人。2003~2005 年之间，员工数量增至 200 多人。

我作为管理部门的领头羊，出于依规则管理公司的目的，着手强化规则的制定方法，大方向便是强化成果主义。没错，正是"成果至上主义"。

魔鬼般的成果至上主义——"非升即走"（Up or Out）

魔鬼般的成果至上主义诞生的最典型的评价制度就是"非升即走"，即让员工互相竞争，对每个人的工作成果进行评估，然后进行排名，对处于排名末端 2% 的人实行末位淘汰制。

"你没有达到公司的用人标准，再跟不上的话就请你自己辞职吧！"

"你没必要继续留在公司了，公司只需要能够一起成长的人。"

在兴银工作的时候，我曾那么讨厌这样的束缚，但成为制定规则的人之后，我反而变成了自己最讨厌的那种人，甚至制定的

①日本才望子公司开发的协助办公软件。

规则更加极端。

现在回想起来，我真想给当时的自己一巴掌，但当时的我确实非常认真地制定了这样的规则。

实行年功序列制——无论能力如何，只要熬下去就能升职；领导为了保住自己的地位，拒绝担责，明哲保身……上一份工作中令我难以苟同的制度与习惯成了我制定制度时的反面教材。

才望子在创始之初就不是"拥有超凡魅力的总裁和支持他的员工们"组成的团队，而是每个员工灵活运用各自的职能，在各自的岗位上发挥最大的力量，让自己成长并取得成果的公司。

所以我想通过工作成果来评价员工，我想让好好努力并取得成果的人获得关注的机会。因此，我需要一个明确判定成果的基准——业绩。

为了提高工作效率，必须得管理好团队，而管理团队的前提便是坚实的评价制度。渐渐地，我的关键点变得简单、粗暴，"原来如此，这样更方便啊""这样一来，员工就会拼命工作了吧"等等，我仿佛站在"神"的视角去制定规则。

对于心有不满的员工，我说"不想干就别干""这是公司的方针，必须遵守"，像掌握他们"生死"的"神"一般。不，应该说我像个"魔鬼"一样，随意地决定员工的未来。

当时制定的魔鬼规则还不止于此。

α、β1、β2……我把员工分成好几个等级，优秀的人可以在短时间内实现"升级"。我还通过一览表在公司内公开员工的等级，每个等级都有一个工资区间，每升级一次，工资会增加 60 万日元。也就是说，每个等级的员工大概拿多少工资，都是能够推测出来的。

那么，怎么才能"升级"呢？员工自己制订并公开任务目标，完成全部任务能得 60 分；之后由部长打分，最高 30 分；剩余的 10 分结合其他同事的 360 度评价。部门打分结束后，还要放到整个公司进行相对评价，最终决定该员工是否"升级"。此外，等级较高的人还会得到"个人预算"，在进行公司业务时可以自行安排，这一制度也是为了提高员工的积极性。比如，有的业务部门的成员级别都比较高，那么他们每个月都可以有预算进行团建。

这是真正的靠实力吃饭。

有能力的人完成自己设定的任务目标，并取得一定成果就可以升级，得到与实力相符的工资；只要努力做出成绩就能获得好评。这难道不是非常好的制度吗？

至少当时的我是这么认为的。但如大家所见，现实根本不可能顺利，过度的成果至上主义会衍生出巨大的扭曲。比如，即使是工作时间，也能看到办公室里到处都是睡袋，有的人甚至在会议室的沙发上睡觉，这都再正常不过，熬夜工作更是司空见惯。

我知道的一个同事先骑摩托车到公司上班，一直工作到第二天早上 8 点，回家吃个早饭，10 点再坐电车上班。"一直在公司工作，能做出成绩，还可以加工资，所以我必须拼命努力。"公司内蔓延着这种意识。

如果放到现在，又有谁会想在这样的公司工作呢？

离职率高达 28%，我产生了疑问
——"公司到底是什么？"

当时，才望子按照业务类别设立部门，采取独立核算制。

那时最赚钱的软件是面向中小企业的 Cybozu Office，就算我们没有特意投放广告也会有媒体自发为其宣传，公司的销售额也因此持续大幅增长。理所当然地，Cybozu Office 部门获得了高额奖金。

与此相对，Cybozu Garoon 这一面向大企业的新型群件软件却没有达成预期目标，形势严峻，所以整个部门的奖金也就泡汤了。

这样一来，Cybozu Garoon 部门的员工开始不满。

"Cybozu Office 的市场已经成熟了，畅销不是必然的吗？我们是刚起步的新业务部门，背负着各种风险拼命努力，为什么完全得不到公司的肯定呢？"

"继续待在这个部门只是浪费时间，可以把我调到 Office 部门去吗？"

"那些人压根儿没出什么力就能拿到奖金，太不公平了！"

"我们才是在拼命开发新业务的人啊。"

……

诸如此类的言论充斥着整个公司。因为这些怨言，公司的氛围越来越恶劣。

公司实行业务部门制的初心是想通过激发内部的竞争意识来

推动业务发展。如果按照职能划分为开发部、市场部、营业部的话，各自的目的就会发生偏差。因此，把不同业务、不同职能的成员都聚集到一起，让他们朝着同一个业务目标相互切磋，各事业部就会相互竞争，共同成长。

但是，随着才望子中最大的两个团队开始互相对立，业务部门制的负面影响逐渐显现出来：Cybozu Office 部门不愿意向 Cybozu Garoon 部门透露能够实现业务发展的技巧。因为只要自己所在的部门有一个人做得好，部门的整体业绩提升，自己的工资就会上涨，也可以拿到奖金。相反，帮助他人只会让同部门的人对自己的评价相对变差，没有任何好处。

本来可以横向推广的内容和技巧没能在整个公司流通起来，造成资源的浪费，而这样的情况越来越频繁。

2005 年，才望子终于迎来了转机。自创立以来一直担任董事长的高须贺因"想要探索全新领域"而辞职。于是，现任董事长青野接手他的工作，率领还留在公司的员工继续发展业务。青野担任董事长后，首先着手的就是企业并购，通过收购其他企业来弥补业务增长滞涨。通过这一战略，才望子在大约一年半的时间里收购了 9 家公司，原本只有约 300 位员工的才望子，一下子增加到了约 800 人，销售额也从 30 亿日元增长到 120 亿日元，市值从约 300 亿日元一下子增长到超过 1200 亿日元 [①]。

从表面来看，销售额提升了，股价上涨了，组织也壮大了。如果以成果至上主义为基准，可以说青野带领才望子取得了巨大的成功。

但实际上，员工是这样理解的：

"从来没听说过的公司居然变成了我们集团中的一部分。"

"我不知道这家公司是做什么的，也不知道为什么会收购这家公司。"

……

情况可以说是一片混乱。

没过多久，原来团结一心的才望子就四分五裂，团队彻底失去了向心力。每星期都有员工离开公司，人们一个接一个地辞职，业务部门以两周一次的频率举办送别会。最后，才望子收购的子

---

① 此处指才望子收购众多企业后的集团总销售额和集团的总市值。

公司的发展也不顺利，收购的公司越多，才望子的利润被削减得就越多，公司的财务出现赤字，甚至不得不连续两次下调结算，股价暴跌。员工没有动力和精力开创新事业，失去了作为公司一员的责任感。

公司到底是什么？公司存在的意义又是什么？才望子未来的发展不容乐观。

自从我进入公司以来，虽然缺乏管理经验，但只要我认为该做的事情，我就会拼命去做。随着业务的发展，公司规模也不断扩大，主抓财务的我帮助公司实现了 2000 年在创业板上市，2002 年在东证二部上市的目标。一切都以成果为优先。

总结才望子的发展历程，短短一年间才望子就从创业之初的 10 名员工膨胀了一倍。通过每年增加一倍的销售目标，由上而下分配工作任务的方式，实现了公司实质性的巨大发展。以成果主义的角度看，即使公司扩大了，如果员工不成长，目标也无法达成。所以，公司引进了竞争制度，调整了评价制度——"若两次评级为 E，则建议离职"。

一切都为成果服务。无论是公司、员工还是销售额，成长和成果才是"王道"。但是，成果至上主义带来的后果却一发不可收拾——离职率达到了 28%。

业绩增长所遮盖的问题

在这里，我想问一下此时正在阅读本书的大家，你现在身处一个刚刚组建的小团队，还是一个成熟且处于过渡期的团队，抑或是已经获得一定成长的公司呢？

如果你是对公司和事业有责任心的人，有一点要牢记——业绩会成为公司的"遮羞布"，掩盖发展过程中的问题。在业绩不断增长时，人们根本没有时间去关注公司的问题。更确切地说，业绩会让一切"正当化"。举个例子：工作期间，我曾听到过认为我的做法欠缺考虑等各种不满。那时的我认为，既然公司通过这种方法取得了成果，那么谁也不能断言其中存在问题。但问题会越来越严重，公司的业绩发展也会趋于平缓，总有一天，问题会直接显现出来。

我们也认为，个别问题个别处理，一切就万事大吉。但是，成果至上主义存在一个巨大的陷阱，即对于员工来说，出不了成果就得不到任何回报。一旦业绩发展趋于平缓，之前产生的扭曲和郁愤就会像失去阀门的水流一样喷涌而出。

收购的子公司业绩不佳，股价下跌，股票期权（员工购买公司股票）也失去了原来的激励作用。但无论员工怎么努力，都无法提高公司的业绩。这样，员工也拿不到奖金，得不到预期的报酬。慢慢地，员工失去了继续待在这家公司的理由，一个接一个地离开。

就在这个时候，2006 年 1 月发生了"活力门危机"①，股票暴跌，IT 相关的公司的股票都受到了巨大冲击，才望子也不例外。当时，我作为子公司的社长，一直在思考出现财政赤字的原因，寻找恢复业绩的办法，在暂时无法找到解决办法的情况下，我打算通过削减成本来尽可能地确保利润。就这样，我把各个部门的部长逼入了绝境，即所谓的"裁员"。

在业务增长进入平台期后，"单凭现在的策略，公司的业绩可能已经到了极限"等疑问渐渐浮出水面。同时，为了才望子的成

---

① 又称"活力门事件"，由日本活力门公司的丑闻引起的恶性金融事件。

长而设立的极端考核制度，导致员工纷纷产生不满，辞职、生病的员工也越来越多。对于这样的状况，我再也不能装作视而不见。

紧接着，发生了一件足以改变我人生观的事情。在我作为子公司的社长进行裁员时，一名员工因为身心不适而辞职。一年后我偶然得知，那名辞职的员工一个人孤独地去世了。

当初，明明是因为对"公司是社会的'公器'"这句话产生共鸣，想堂堂正正、昂首挺胸地做人，想做造福社会、对人类有益的工作，我才选择加入才望子。但现在，我却给别人带来了这样的恶果。

曾经的我坚信，客户的需求和感谢就是我们最大的"成果"。但是，为取得成果而拼命努力的员工，他们想怎样工作、怎样生活呢？我完全忽视了他们的视角。所以，是我造成了这个最糟糕、最不幸的结局，今后，我也不得不背负着"十字架"，充满忏悔地活下去。

当时的才望子，毫无疑问是一个乱七八糟的"黑色企业"，对此我无法否认。

由"成果至上主义"到"工作舒适性至上主义"

曾经的事情无法挽回，每次回想起来，我都悔不当初。

于是，我想要改变。我对青野坦言："我想创建一个'好公司'。要不要重新把才望子变成一个让大家都想来工作的公司？现在的员工有 130 人左右，理论上还来得及。"

那时的青野通过合并与收购扩大了业务领域，不过他仍然认为才望子应以群件软件为主要业务，我们都不应该忘记初心。

只要是上市公司，就无法避免受到成果至上主义思想的影响，但是，我们两人在讨论中做出了一个重要的决定——不再无理地要求员工，也不再以市值或销售额世界第一为目标，我们要给员工之间的互相竞争画上句号，放弃成果至上主义。

我们重申了彼此对公司的愿景——致力于群件软件业务，不断满足顾客需求。

到那时为止，我们的管理模式和规章制度，都是以社会公认的"好"的措施为基础贯彻执行。

既然公司的发展并不顺利，那就从零开始考虑吧，考虑为了让才望子成为大家都愿意为之工作的公司，我们需要做些什么，公司需要什么样的制度和管理来支撑……

理想的公司形象是什么样子？我回归初心，再次仔细思考这个问题，仿佛开始了"第二次创业"。

最后，我们的目标是"100 个人有 100 种工作方式"。

03

通过“闲聊”了解员工的想法

放下领导权威，开始闲聊

决定要重建才望子后，我做的第一件事就是和全体员工谈话。

因为 Cybozu Office 部门和 Cybozu Garoon 部门的对立是公司的主要矛盾，才望子重新调整了组织架构，决定将这两个团队合并为代理事业部。

两个部门彼此水火不容，公司里人尽皆知，想让合并顺利进行根本不可能。因此，谁也不愿意做代理事业部的部长。

当时，我是管理部门的负责人，因为实在受不了经营会议上针锋相对的氛围，所以自告奋勇地提议让我来管理代理事业部。大家都松了一口气，就这样，我成了代理事业部的负责人。

从人数上来说，代理事业部约有 90 人，是人数比较多的大部门。我作为代理事业部负责人，按照职能设置了各个下级部门的部长。开发部部长、SE（系统工程）部部长、市场部部长、营业部部长……他们每个人都是各自领域的专家。

在此之前，我做过财务、人事、管理及银行职员等工作，不过对于销售、市场、开发等工作，我是真正的门外汉。参加部门最高会议时，我需要跟大家商讨议题，做出决策。但实际上，我几乎没有什么像样的意见。

如果我要成为有领袖精神的领导，就应该和销售人员一起去拜访客户，学习市场知识，了解程序开发，制订业务发展战略……参与到各个环节中去。

但是，我并不打算这么做，从某种意义上来说，我已经放弃了这种方法。与其自己花时间去学习，不如把工作交给这些方面的专家。

放弃之后呢？

无事可做。除此之外，就是处理纠纷。当然不是每天都有矛盾，但我经常会和别人的意见相左。这时，我注意到，代理事业部内部的报告线（消息传达路径）可能有问题。

当时的组织架构是这样的：我是统管代理事业部的负责人，下级部门有部长，部长下面有管理者，个别部门甚至在管理者的下面还有小领导，最后才是各自的成员。也就是说，层级太深，报告线很难发挥作用，因为我仅从我的直属下级那里接收报告。

尽管也有我能力不足的原因，但层级太多，我接收到的报告内容大多比较粗略，所以很难看清实际情况。无论出现什么问题，我只能听到"大家都很疲惫""大家都反对""大家都……"这样的声音。

但是，下属口中的"大家"代表的是谁呢？

就算我向员工进一步询问，"大家"指代的到底是哪些人，到底谁这么想，也只能得到"可能是 A、B 和他们周围的某些人吧……"这样模棱两可的回答。

从我的角度，看不到团队中的每一个人。这是个问题。

我突然意识到——如果不知道"大家"代表的是谁，想把公司变成"大家都想来工作的公司"的想法只能是天方夜谭。

所以，我做出了这样一个决定——和部门里的 90 位员工"闲聊"。

为了不耽误各位部长和员工的工作，我向部长提出要求：让我每个月和全体员工闲聊一次，每次 30 分钟。我坚持用大约 3 个月的时间，和全体员工挨个闲聊。如果是职级比较高的员工，我还会增加闲聊的频率，大概是一周一次。我就这样持续了一年。

假如我一个月的工作时间是 20 天，分配到每天和员工闲聊的时间大约是 4 小时，那么我每天的任务就是跟 4 到 5 人闲聊。我的日程都被闲聊填满了，哪怕别人问我每天都在做什么工作，我也会认真地回答："闲聊。"——我在用尽全力地和员工进行沟通（见表 3-1 和表 3-2）。

【表 3-1】当时我的日程表 1

周日	周一	周二	周三	周四	周五	周六
1 月 30 日	1 月 31 日	2 月 1 日	2 月 2 日	2 月 3 日	2 月 4 日	2 月 5 日
	8:00-9:00	8:00-9:00	8:00-9:00	1 月请款书、垫款、旅费报销截止	8:00-9:00	
	休息时间	休息时间	休息时间	8:00-9:00	休息时间	
	9:00-10:00	9:00-9:30	9:00-10:00	休息时间	9:00-10:00	
	日报	商谈：关于第 9 期方针	日报	9:00-10:00	日报	
	11:00-11:30	9:30-10:30	13:00-14:00	日报	11:00-12:00	
	闲聊	日报	闲聊	11:00-11:30	经营会议	
	11:30-12:00	11:00-12:00	14:00-14:30	闲聊	12:00-13:30	
	闲聊	自习	闲聊	13:00-13:30	"人事"系列	
	13:00-13:30	14:00-15:00	15:00-15:30	闲聊	13:30-14:30	

续表

	闲聊	闲聊	闲聊	14:00-14:30	月度报告
	13:30-14:00	15:00-16:00	16:00-16:30	闲聊	16:00-16:30
	闲聊	闲聊	闲聊	15:30-16:30	闲聊
	15:00-17:00	16:00-17:00	17:00-18:00	商谈：关于公司和作用	17:00-17:30
	提高客户满意度项目的活动报告	经营会议	经营会议	17:00-17:30	闲聊
	17:00-17:30	18:30-20:00	18:00-18:30	闲聊	18:00-22:00
	商谈：开发UD	调换座位顺序	闲聊	19:00-22:00	生日会
	17:30-18:00			部长会议（定期）	
	闲聊				

【表3-2】当时我的日程表2

周日	周一	周二	周三	周四	周五	周六
2月6日	2月7日	2月8日	2月9日	2月10日	2/11 建国纪念日	2月12日
	8:00-9:00	8:00-9:00	8:00-9:00	8:00-9:00	8:00-9:00	
	休息时间	休息时间	休息时间	休息时间	休息时间	
	9:00-10:00	9:00-10:00	9:00-10:00	9:00-10:00	9:00-10:00	
	日报	日报	日报	经营会议	日报	

续表

	11:00－11:30	10:00－11:00	10:00－11:00	10:10－11:00	13:00－15:00	
	闲聊	闲聊	引进技术类人才大作战	商谈：麦肯特公司	董事会议	
	12:00－13:00	11:00－11:30	11:00－11:30	11:00－12:00		
	午餐	闲聊	闲聊	日报		
	13:00－13:30	13:00－13:30	13:00－13:30	13:00－13:30		
	闲聊	闲聊	闲聊	闲聊		
	14:00－14:30	14:00－14:30	14:00－14:30	16:00－16:30		
	闲聊	闲聊	闲聊	闲聊		
	15:00－16:00	16:00－16:30	15:00－16:00	17:00－17:30		
	面试：最终 QA	闲聊	MTG	闲聊		
	16:00－16:30	17:00－17:30	16:00－17:00	18:00－19:00		
	闲聊	闲聊	经营会议	部长会议（定期）		
	17:00－17:30	19:00－21:00	17:00－17:30	19:00－20:30		
	闲聊	经营会议	闲聊	"人事"系列		
	19:00－22:00		18:30－19:00			
	新年会		闲聊			

通过闲聊，提高管理者的能见度

接下来，我想简单讲述一下什么是闲聊。

大多数公司的报告线都如金字塔一般，从底部员工集中到科长，从科长集中到部长，再从部长到部门总负责人……是一个由下向上集中的过程。

当然，反过来说也是一样，上级的想法和指示由部门总负责人下达到各位下级部门的部长，再由部长下达给科长，科长下达给基层员工……也是从上到下逐渐传达的过程。

在这一过程中，无论是信息传达者，还是信息接收者，或多或少都会产生信息偏差。而"闲聊"可以拾起被遗漏的信息。在谷歌和脸书等公司，也有相似的机制——"1 on 1"（一对一面谈）。在"1 on 1"机制下，员工可以和上级聊业务上的问题，也可以聊个人问题；开导员工，帮助员工更好地解决问题和烦恼，使目标更清晰，同时给予员工指导和反馈，让他们走向更适合自己的道路。"1 on 1"就是这样的交流方式。

我设定的闲聊机制也很随意，不需要制订什么讨论事项，只是一个月简单聊一次（职级高的员工为每周一次），一次聊 30 分钟而已。跟员工聊的话题也不是业务报告或项目进展，我只是想倾听员工的烦心事，确认他们想做的事和能力范围内可以做到的工作，了解他们的个性和工作热情。

需要注意的是，在闲聊时，上级经常会不自觉地就开始说教，这是绝对不行的。

我也会犯这样的错误。所以在才望子内部，也有这样一句玩笑话——"被山田理一直追问，闲聊变成'拷问'"。这简直让我无地自容，所以，我反复地提醒自己，不要企图改变他人的想法。

有的人觉得，既然听到了别人的愿望或不满，就需要为别人提出具体的建议。但实际情况并非如此，毫无准备地提建议才是不负责任的表现。有责任心、温柔的前辈常常容易走入这个误区。

说到底，"闲聊"的最主要目的还是让员工"说"，上级"听"，仅此而已。重要的是给员工畅所欲言的机会。

如何兼顾客观事实与个人解释

尽管我的初心是想让员工畅所欲言，但面对上司，员工能做到敢于表达吗？

不可能的。因为我也不喜欢这样。

在我刚开始找员工闲聊时，代理事业部的业务压力非常大，业绩停滞不前，整个公司的发展都面临停滞。

有的人觉得害怕，认为所谓的"1 on 1"只是上级找个空当单独地、面对面地指责自己；也有的人对此很抗拒，认为工作都多得做不完，闲聊简直是浪费时间。

即便如此，大家还是极尽忍耐地回复我"没问题"。

这也可以理解。就算和我没有直接的利害关系，员工也很难说出真心话。他们或是认为即使说出来也不会改变什么，或是怕说别人的坏话会给别人造成不好的影响。

我认为大家一开始不说真心话很正常。也正因如此，才需要管理者一对一地面谈。只要锲而不舍地询问他们"最近怎么样？""最近在做哪方面的工作？""有没有遇到什么困扰？"总有一天，他们会慢慢吐露真心。

员工 A 便是这样。其中一次闲聊中，他对我说："总感觉最近 B 和 C 好像在闹别扭。"于是接下来，我和员工 B 闲聊时问了他的近况，但得到他的回复是："没问题，一切都很顺利。"之后，我又去和员工 C 闲聊，询问他最近是否有困扰，他也回复我说没问题。我继续追问："你最近因为这个项目在和 B 共事吧，有没有什么想说的事情？"这时，员工 C 露出了吃惊的表情，问我："您都知道了吗？实际上，我本来想用另一个方案，但由于没得到 B 的认同，所以放弃了。"

像这样，我一步一步获取了新的信息。

和员工 C 聊完之后，我在下一次和员工 B 的闲聊中问出了我的疑惑——"听说这个项目本来还有另外一个方案，为什么否决了呢？"员工 B 告诉我，是因为受到了部长 D 的指示。我又去询问部长 D："听 B 说是受了你的指示才没选另一个方案的，这是怎么回事呢？"结果，部长 D 说："是吗？我不记得我说过这样的话……可能当时我是在假设吧，结果他当真了？原来这就是最近我们部门内部不太协调的原因啊……"

大家觉得怎么样？

如果把听到的消息随意传播，整件事就会陷入逻辑冲突。不管是不是真心话，任何意见背后都隐藏着某种意图。整合起来进行俯瞰，便会发现不同之处。即使最后所有的说法都指向一个事实，也会有成百上千种不同的解释。

没有人会毫无防备地说出自己的真心话。所以，要像这样和每个人反复地交谈。

没有所谓的"大家"

闲聊之后发生了什么呢？

首先，是非常简单的变化——我开始能把每个人的脸和名字一一对应。之后，我渐渐看清他们各自在做什么工作，遇到了什么挫折，目前有什么困扰，有什么想法。

最后，发生了革命性的变化——"大家"这个模糊的词从我的脑海中消失了。

在这之前，"代理事业部的所有人""所有员工"等词汇都被统称为"大家"，我们还常常将"'大家'对业务部门制不满，要打造让'大家'都轻松工作的公司"这样的话挂在嘴边，但随着我和每一位员工进行谈话，我终于注意到：没有所谓的"大家"，团队是由每一个独立的个体构成的，每个人对公司的要求和期待都不同，而这一点理所当然。同时，我意识到，没有任何一种措施能让团队里的所有成员都感到满意。

我之所以不知道"大家都想来工作的公司"是什么样子，是因为我努力的方向错了，我在努力寻找根本不可能存在的"大家"。

通过持续的闲聊，我了解了每个人的想法和要求。最后我得出的答案是，不必创建让所有人都想来工作的公司，而是要做到让 100 个人有 100 种想留在公司工作的理由。

最终实现"100 个人有 100 种自由"

以育儿休假制度为例。

根据日本劳动法的规定，员工的育儿休假最长能到孩子 1 岁半（后来改成 2 岁）。

当时，有一位第一次生小孩的员工向我吐露了她的不安："孩子 1 岁半时还不能决定去哪家托儿所，而且我是第一次当妈妈，面对很多情况都不知道该如何是好。如果孩子 1 岁半时我无法按时复工，就必须辞职吗？"

　　被她这么一问我才发现，对小孩来说 1 岁半上托儿所确实太早了，家长感到不安也是正常的，如果是因为这个原因辞职的话，不仅对她本人，对公司来说也是一种损失。仔细思考后，我觉得至少应该把育儿休假延长到孩子 6 岁，也就是能够上小学的年龄。于是我更改了公司制度，从 2006 年开始，才望子的员工最长可以申请 6 年的育儿休假。

　　也有员工想要早点结束育儿休假，但因为要去托儿所接送小孩，所以向我提出缩短工作时间的申请。当然，我同意了她的申请。

　　从 2007 年开始，员工可以根据自己的需求从两个方式中选择适合自己的工作方式。哪两种方式呢？分别是"缩短工作时间"和"不缩短工作时间"。

　　即便同样在休育儿假，每个人的想法也不同。所以，可供选择的工作时间和工作地点也逐渐增加。比如，有的人想一周居家办公两天，有的人想做不止一份工作等。就这样，在 2010 年，才望子正式导入了居家办公制度，在 2012 年导入了副业许可制度，到 2013 年，才望子的工作方式根据时间段和地点被划分为 9 类。

每次有员工向我申请新的工作方式时，我都同意并接受了。

之后的 2018 年，我们开始实行工作方式宣言制度，这代表我们不再给员工的工作方式分类，大家可以自由地决定自己想要的工作方式，把它写下来，按自己想要的方式实施。

制度不是需要"改变"的，而是需要"增加"的。我们并不是通过改变人事制度来创造员工的多样性，而是基于才望子的员工原本的多样性这一点来做出决策。

一听到"工作方式改革"，大家是否就会觉得必须下定决心改变迄今为止定下的各种规定？其实并不是这样的，只是工作方式由原来的 1 种、2 种逐渐变为 9 种，再逐渐变得灵活，仅此而已。

像这样，才望子逐渐诞生了"100 个人有 100 种工作方式"的人事制度。

才望子人事制度变化

·2006 年，育儿休假制度；

·2007 年，选择型人事制度（两大类）；

·2010 年，居家办公制度；

· 2012 年，副业许可制度；

· 2013 年，选择型人事制度（9 大类）；

· 2018 年，工作方式宣言制度。

除此之外，我们还有自我提升休假制度——在因为跳槽或留学等原因离开公司后，员工最长可在 6 年内再次回到才望子；也有居家办公制度的升级版——超级工作制度，即员工在没有人帮忙照看小孩时，可以把小孩带到公司。虽然各种工作方式的选择人数都不尽相同，但迄今为止还没有出现因意外问题而废止人事制度的情况。

当然，这种制度一开始也遭遇了各种状况。

比如，随着面向职场女性的各类制度不断增加，公司营业部的男性员工开始有所不满——"为什么光给妈妈出台政策，没有考虑爸爸呢？"此时，我反问他们想让我为他们设置什么样的政策，他们却说"暂时想不出来"，于是我反驳道"说不出来就闭嘴吧"。

因为，才望子追求的不是"公平"，而是每一位员工的"个性"。

职场妈妈们是因为不采取这种工作方式就很难进行工作，所以才向公司申请的。既然她们都鼓起勇气提出申请了,公司就会考虑员工的状况,尽可能地为她们提供帮助。所以我才对那些有所不满的员工说,别人的工作方式不会影响到你的工作方式,所以不要抱怨。

因为每个人的需求是不同的。

但无论是之前对每个人要求都一样的人事制度,还是才望子已经推行的工作方式改革,都会有人抱怨"不平等"。

然而,制度本身不需要平等,需要的是平等的结果。只要能够取得"100个人有100种工作方式,每个人都能舒舒服服地工作"这样的好结果,我们的目标就实现了。

当我们真正实现"100个人有100种工作方式"之后,离职率也随之降低。在2012年以后,离职率一直保持在4%左右。

这种情况下,大家都关心的公司的销售额怎么样了呢?

虽说我们放弃了成果至上主义,不再用销售额考核员工,但实际上也正是从2012年开始,才望子每年的销售额大约都同比增长了110%。

为何恰恰是不再把重心放到业务增长上,从成果至上主义转变到了工作舒适性至上主义，公司反而能收获业绩呢？

我认为背后的逻辑是这样的（见图 3-1）。

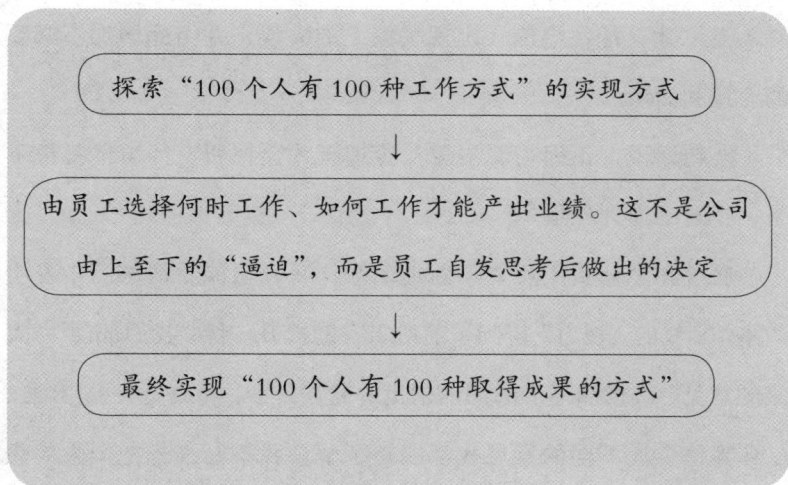

【图 3-1】我的管理思想转变过程

本节中我想讲述的重点不在于公司的制度或组织架构，我认为上述路线才是"100 个人有 100 种工作方式"的本质。

发现 1：看不见下属的不满才会心生恐惧

通过和全体员工闲聊，我收获颇多。首先，管理者最害怕的事是"无知"，也就是看不见员工的不安和对公司的不满。正因为看不见，才会胡乱揣测，出现决策上的失误，并由此增加不必要的会议和商谈。

换句话说，正因为看不见，管理者才会把所有的事情都揽下来，把自己逼到死角。

通过和全体员工反复不断地闲聊，我开始能看清部门中发生的事情，我的"视力"得到了前所未有的提升。像"我们部门""大家的意见"等模糊不清的词汇指代的究竟是谁，抑或是 A 君、B 君、C 君等每个人不同的意见我都能够了解。我不会强行把个人的想法归到某一类集体的想法中。实际上，当我们真正意识到 100 个人有 100 种想法这一点时，就代表着我们对事物的理解加深了，管理者也就自然而然地没有了需要恐惧的事。

我曾经认为，管理者是率领大家把公司业务发展得更好的人，需要让所有人都统一步调。但我现在知道，这样的想法大错特错。

每个人都有自己的意见，把所有人的想法都分门别类或统一起来，是不可能的。我们需要正视这一点，才有出色完成公司任务的可能性。

发现 2: 通过公开信息打破团队的"奇怪氛围"

另外，从管理者的角度来说也会有如下问题。

比如，听了员工的不安或烦恼后，受到责任感的驱使，管理者便想竭尽全力地帮助员工。如果员工烦恼的是个人的工作量增加，那么管理者了解得越详细，自己的压力就会越大。

正因为有这样的问题，公司才不太愿意制定"闲聊"的制度。

但我不这么认为。我觉得只有了解后，才能减少多余的工作，才能知道什么工作最重要。让员工感到不安的主要原因就是信息不足，如果我们能更深入地去了解员工的不安、不满，就会发现，比起因为一个具体的问题而焦虑，他们因为信息不足、同事或上司不倾听自己的想法、无法沟通意见等问题而烦恼的情况更多。

我们经常会询问失去工作热情的员工："怎么了？是对公司有什么不满吗？"此时，员工的回答常常是"不理解公司下一阶段的战略""不知道未达到预期会不会受惩罚""不理解同事的发言""不清楚别人辞职的理由"等等。或者是"虽然公司定下了今后的方针，但自己不理解""不知道事态为何会变成这样，总感觉自己被轻视了"诸如此类的反应，归根结底都在于"不知道"。

也就是说，在信息缺失的情况下，让员工不清楚、无法理解的事情只会一件接一件地增加。

发现3：只有彻底公开信息，才能真正为管理者减负

那么，怎么消除员工的不安呢？其实，只需要让他们由"不知道"变为"知道"就好了。

比如，公开上个月经营会议的详细内容在会议纪要中的哪一部分，即告诉他们所需信息的具体位置；或是告诉他们，部长的指示包含在之前提到的某个信息中……这时候得到信息的员工往往会醍醐灌顶，真正松一口气。

简而言之，只需要让他们看到上级听到了自己的意见，就能减少他们的焦虑感，也能让他们获得"公司对自己没有隐瞒"的接纳感和满足感。

作为公司一方或是管理者一方，需要重视的是把信息公开到

什么程度、这些公开了的信息能否被所有员工看到，以及怎样才能让他们看到。这才是能够让管理者不胡乱揣测，减少不必要工作的关键。

"让公司的内部信息变得更加公开透明。"

正如这句标语所言，现在不仅才望子在公司内部推行信息公开的政策，越来越多的公司都开始重视这一点，把公司的所有信息作为资源共享到群件软件，让所有员工都能随时随地看到；并在此基础上，尽可能地减少管理者的作用和责任，尽可能地给下属放权。

这一现象在 IT 初创公司中最为常见，因为这一思想在一开始就和工程师更为契合。在代码世界中，工程师经常会通过公开代码进行开源，共享技巧和知识，即通过网络和全世界的技术人员互相联系。所以，计算机技术才会以革命性的速度飞速发展，我们才可以通过一台小小的智能手机，和他人交流，进行娱乐，管理身体健康，使用电子支付等等。

但是，这一思想其实应该应用到更多领域的公司中，而不仅限于 IT 初创公司。接下来的第四章主要讲述以下两个问题：

· 到底怎样才能减少管理者的工作？

· 减少不必要的工作后，最终留给管理者的到底是什么工作？

接下来我将会通过第四章的实行"彻底公开信息"制度的实践案例，以及第五章才望子的公司管理的主干部分——"说明义务与提问义务"来详细解释以上两个问题。

04

轻量管理即彻底公开信息

管理者的地位和权力都是团队作战的阻碍

为什么我呼吁管理者向员工彻底地公开信息呢？

我先直接说结论——与其自己努力学习成为某个领域的专家，不如去了解谁是哪个方面的专业人士，这样工作推进起来绝对快得多。

成为代理事业部的负责人后，我曾从心底感到无力——"总感觉自己一无所知"。

真正深入了解业务后，很多事情都令我吃惊：像是"现在的编程技术都发展到这个地步了吗"，或是"原来现在的大公司都在做这样的课题啊"，等等。

说实话，我也曾质疑过自己：作为这些优秀员工的领导，不努力学习经营知识、市场知识、开发技术怎么行呢？但我一个"外行"很容易成为他们推进工作的阻碍。后来我彻底放弃了：反正我也不太懂，那就都交给专业的员工来干吧。

之前我也说过，管理者最重要的工作是决策。虽然员工有能力自主推进工作，但如果需要我做决策，还是要保证做到如下两点：

· 问谁才能得到我需要的信息。
· 清楚哪位员工在哪方面是专家。

很多管理者最关心的是员工采取的方法是否高效、能否取得成果，以及自己做出的决策是否正确。但实际上，在决策过程中，每个人的意见都是不一样的。有的人会很坚定地说客户绝对有怎样的需求，而有的人又会反驳，管理者不能做到兼顾所有人的意见和想法，而且采取"少数服从多数"的原则也会令部分员工不满，最后被根本不存在的"大家的意见"所蒙蔽。

重要的不在于有多少人同意，而是管理者需要知道哪位员工是哪方面的专家，以及哪位员工对哪个工作抱有热情，然后再以此为基础做出决策——"如果他这么想那就交给他吧"，或是"如果他真想做就试试吧"等，这样的决策才会让员工从心底信服。

为此，我们需要彻彻底底地向员工公开信息。

实际上很讽刺的一点是，迄今为止的金字塔型的组织架构，是在"消除"每一位员工各自的专业性。

为什么呢？因为金字塔型组织架构的"潜规则"是，越上层的人说话越有分量。

即便部门里某位员工再专业、再优秀，只因为他的上级管理者地位比他高，所以一旦上级不采纳他的建议或想法，这个人就相当于不存在。

最终，管理者只会挑选出和自己"合得来"的下属来推动管理者自己想做的方案。

这正是我要说的——团队作战时，管理者的地位和权力都是前进道路上的阻碍。说到底，管理者的想法、管理者上级的想法，甚至最上面的经营者的想法，真的都正确吗？

我不这么认为。

至少，在周围都是领导的"应声虫"，或是只能收集到反对信息的情况下，管理者不可能做出正确的决策。所以，管理者最应该做的就是彻底公开所有信息，创造信息透明的公司环境。

管理者需要明白，不论决策成功还是失败，自己都应该承担相应的责任。员工的失败就是自己的失败，自己的失败就代表着上级的失败，上级的失败又代表着经营者的失败。

职级高代表的不是"地位"或"权力"，而是"责任"。

公开员工出差的酒店信息，消除经费的不正之风

彻底公开信息为什么能减少管理者的工作呢？又为什么能让管理者做到轻量管理呢？

我们先从细节开始看吧。在管理者的工作中，我认为最没用的，也就是最不需要管理者来做的便是"审批时纠错"。比如，报销经费的审批。虽然事情很小，但是管理者却需要审批每一位员工的申请内容是否合理、是否存在违规，确认没问题后才能通过。这样一来，当团队成员达到30人、50人甚至更多人的时候，光是审批经费这一项就需要花费很长的时间，已经不能说是一件小事了。

渐渐地，管理者开始"嘭嘭嘭"一下子给多位员工的申请同时按下印章，也就是通过他们的审批。这样一来，公司内部开始形成不正之风，长此以往甚至有可能导致非常严重的后果。就像我在兴银工作时，曾为了应付检查不得不无数次修改文件一样。

在才望子，每位员工的经费申请都会在群件软件上公开。

因此，像出差旅费申请，人员、时间、酒店、费用等都一目了然。这样一来，若员工出差的目的地相同，公司马上就能知道谁哪次出差的费用过高。说得更"恐怖"一点，就是所有员工在互相"监视"。实际上，虽然不是每一次申请都会让全体员工注意到，但一旦违反了公司的规定，之后一定会被查出来。

当然，因为同时面对多个人的检查，所以违规使用经费的难度也就更高了。即便没有管理者审批的环节，也不容易发生违规行为。

在大家的面前撒谎，需要很大的勇气吧。至少我做不到。

决不接受欺骗行为

迄今为止，很多公司都采用了"性本恶"式的管理方式——员工是否在认真工作呢？有没有犯错？有没有在数据上作假？等等。

这种疑虑是由于管理者的业绩目标过高而引起的。随着远程办公和居家办公成为可能，员工的工作方式开始不仅限于全员到齐、并排工作，这种"性本恶"式的管理方式也就跟不上时代了。

"不在公司的时候可能会偷懒。"

"虽说在外面工作完就直接回家，但真的在工作吗？"

……

管理者满脑子都是这样的疑虑。

但逐一确认的话要花多少精力呢？这真的是管理者工作的一部分吗？

那么，才望子又是怎么做的呢？

因为每个人的工作方式都不一样，所以要在群件软件上报告自己的出勤时间——"今天早上在家工作，下午来公司上班""今天早上 8 点 30 分到公司工作，11 点到下午 2 点因为副业请假，下午 5 点早退"等等。

如果在公司内部的聊天软件中搜索关键词——"睡过头"，你会发现满屏幕的员工留言，非常有趣：

"非常抱歉，今天睡过头了，所以 10 点多到公司。"

"不小心睡过头了……今天上午请半天假，下午到公司。"

"不小心睡过头，错过了早上第一班飞机。顺便说下福冈出差的追加费用的申请。"

……

在其他公司工作的上班族看到这些可能会吓一跳吧。我一开始也不相信自己的眼睛，又重新搜索了一下，最后我不由得感叹，大家睡过头的频率也太高了。

才望子非常重视"光明正大"。我们可以接受傻瓜，但决不接受骗子。即使员工睡过头，犯了错，也要毫不隐瞒地说出来。对于犯错，周围同事的第一反应也不是斥责，而是优先恢复业务并跟进，思考今后如何避免同样的问题。

其中一个事业部的部长在聊天中对睡懒觉的人留下了这样的评论："因为睡过头或其他原因而耽误行程时，有必要另行安排交通手段。"

关于这点，该部长有如下几点想法。

第一点，因为是公务出差，不能自己掏腰包，所以大家的第一反应都是"完蛋了"，但是请大家不要慌张，一边平复自己的心情，一边迅速安排第二优先顺位的交通工具，把恢复业务放在第一位。

第二点，不需要向公司确认预算，但需要向上司报告。

第三点，重要的是，下次怎么做才能最大限度地减少这种事情的发生？这方面也请和上司商量后实行。

第四点，原定的日程和业务状况是否过于密集等。

有很多人都给这位部长的评论点赞了。

无论大事小事，管理者每天都在做决策，比如 PPT 的资料是否正确、发布新闻用的文章是否有问题、申请经费是否有误等。

假期结束后的星期一，或者出差回来后的第二天，管理者的办公桌上的文件一定会堆积如山，都等着管理者盖章。即使是 90% 已经确定了的事情，慎重起见，也需要盖章批准。

但是，其中真正必须管理者批准的文件又有多少呢？

如果彻底公开信息，员工可以对重要程度不高的事项互相检查，不需要管理者的审批。比如小到申请经费，大到企划提案、预算申请等。

如果公司向员工公开所有信息，说谎的难度就会越来越高。

其他部门突然对某个金额有疑问，也可以轻易找到项目信息，明白款项的用途。

这样一来，一些以前只有管理者负责的工作被分散到了每位员工身上，管理者就能将自己的时间和精力分配到真正优先的重要决策上。

工作量的减少促使对管理技能的要求下降

在上述经费核算的例子中，通过公开信息，管理者的工作减少了。实际上，公开信息的好处不止这些，公司对管理者的管理技能的要求也会下降。

让我们来仔细看看管理者所做的工作。

项目管理（定目标）

在很多公司，项目都是由经营层、总负责人等高层一级一级分配下去的，管理者需要自己把上级的指示变成具体的预算和日期等目标数字，再传达给下属。

但是在才望子，管理者会公开独自思考的时间和思考背后的逻辑，条件允许的话，还会公开上级的相关指示。管理者尽可能地公开自己已知的信息，以及做这个项目应该考虑到的各类事项。

这样做可以减少管理者一个人苦思冥想的时间，也可以降低让员工理解决策的时间成本。

另外，如果经常分享思考逻辑，也可以将管理者的观点和经验分享给其他员工，每个人都可以逐渐掌握与管理者匹敌的知识和经验，做出与管理者同等水平的决策，整个团队的决策速度和准确度也会因此进一步提高。

进度管理

无论是以项目进度为单位，还是以成员每天的工作为单位，只要是可以称为"日程"的东西都可以公开。

即便公司没有用群件软件，员工也可以把自己的表格或者计划导入谷歌表格或是谷歌日历中，共享给其他人。这一小小的举措能带来巨大的改变。

只要把日程安排公开，别人就可以了解自己没有安排的时间段，调整会议日程这一麻烦事也会变得惊人地轻松。想当初公司经常出现这样的情况——不知道成员的日程安排，到处打听，光是调整会议时间就花了好几个小时……

此外，成员的"目标进展情况"也是日程表的一种。如果把这个也公开，就可以减少商谈时间，管理者也就没必要找员工逐个确认进展。

如果把项目过程记录下来，就能在会议现场进行更有建设性的讨论，通过相互检查，可以发现哪些地方不顺利，哪些地方遇到了瓶颈，为了解决这些问题又需要怎么做。

预算管理

预算也要全部公开。像个人经费一样，公开预算使用的理由、预计取得的效果，以及实际成果。这样做，总有一天预算申请会变得不需要批准吧。

人才管理（员工培养）

公开个人目标就可以避免只有直属上级负责培养直属下级的单一性，员工也可以选择自己喜欢的上级并获得反馈。

比起几个月和管理者面谈一次相比，培养人才需要的是及时反馈。这比管理者从全局进行个别反馈更有利于培养员工，管理者的工作也会轻松一点，可谓一举两得。

工作热情管理

当自己想做的事、自己能做的事、希望团队一起做的事重叠在一起时，员工的工作热情就会提高。因此，当员工都在团队中分享自己想做的事情时，其他人会给予理解与帮助，提出建议。比起只有管理者一个人知道，团队的所有人都知道怎么做才更容易促成团队合作，更容易创造出和谐的工作环境。

更进一步说，工作热情的源泉并不仅仅是自我实现的欲望，也有归属需求和认可需求。通过在团队中分享自己的想法，员工可以重新体会到归属感，获得被认可的喜悦。

薪资审核

如果目标、进度、日程都公开的话，薪资审核也会变得轻松很多。因为通过记录就可以了解情况，管理者的精神负担也会减轻。

接下来，我将详细介绍才望子是如何公开各种信息的。

才望子公开 80% 的经营会议内容

才望子甚至连经营会议都公开了。

除了部分会议出于经营战略的考虑不能公开，才望子大约 80% 的经营会议都是连刚进公司的新人都可以参加的。

公司的管理团队和管理成员每周开两次会，按照议程进行讨论。因为在会议的前一天就已经公开了会议主题，所以感兴趣的人可以根据讨论的内容参加讨论。

"参加讨论的人多了，决策时间就会变长，重要的事情就定不下来了吧？"也许有人会这么想。但是，经营会议的决策最终还是由社长青野来做的。虽然通过讨论也不能让每个人都对彼此的意见心服口服，但是至少可以做到：

· 参加讨论没有要求；

· 参加会议没有门槛；

· 听到其他人的想法；

· 坚持自己的意见。

参加经营会议的人一般都会积极讨论，并根据逻辑做出决策。重要的是，无论谁说了什么，都要做成会议记录并公开。

在被公开的会议记录中，员工可以自由地评论。比如："为什么我们部长什么意见都没说？按当下的情况来看，应该会有这样的担忧才对""青野董事长为什么这样判断？"等等。

这样一来，青野董事长的每一个决策都是在"所有人都看到了"的基础上做出的判断，员工就不会出现"在不知情的情况下决定的""根本没听说过"等情况。

如下是一个会议纪要示例：

关于终止服务产品的通知的会议纪要

主题：关于才望子 Live 终止服务的通知日程

报告人：A 君

■起草内容

希望审批关于才望子 Live 终止服务的通知日程。

（详细内容请参考附件）

■讨论与意见

B 君：（附件资料 P.6）问过 C 君能在两个月内完成吗？

A 君：还没有，会后就问。

青野：要给所有用户一共发 200 万封邮件吗？

A 君：最开始只给活跃的用户发，因为如果不分好几批发的话，用户那边的咨询会一股脑儿地涌进来。虽然还没最终决定具体分成几批，但肯定是要分批发的。

青野：给非活跃用户的通知，稍微降低一下存在感。

D君：是否作为内幕信息处理，需要好好讨论。虽然这项业务没有产生销售额，但是我们的用户很多。第二季度结束后的8月10日发布结算的话，一般情况下，股东们是可以买卖股票的。关键是从发布结算后到发布新闻前，这次也同样允许买卖股票吗？

6月30日以前，我们需要把服务转移到哪里，最后也没有确定。

但现在，既然已经走到这一步，在发布新闻之前还是禁止买卖股票比较安全。确切地说，这不能算是一个内部信息，对销售额和利润也没有直接影响。

A君：问东证（东京证券交易所）的话，从他们的立场来看这应该就是个内部信息吧。

山田：我们现在想问的是你觉得这个真的重要吗？其实从公司内部的讨论来看，即使公司体制完备，也不能说这个消息不重要。但也要考虑信息流出的时候市场给出的反应。

由下而上决定各部门的预算

说到难以公开的信息，大家首先会想到"金钱"吧。

那么，让我们来看看公司的资金，也就是预算是如何决定的。

大多数公司应该都是在经营会议上决定预算的。虽说是会议，但几乎都是经营者的独断专行——"销售额要同比增加 103%""下一阶段要加大广告的宣传，争取实现两位数增长""固定费上涨了，要想办法削减"等，大多都是在没有根据的情况下要求降低成本。

可以这样理解，以前的预算基本上是自上而下做出的决策。而才望子的预算决策则恰恰相反，是自下而上的。

首先，各部门自行申报预算。一般情况下，这样统计的结果会使成本增加，销售额减少。

然后，把所有数据汇总，会发现财政出现巨大的赤字。

对此，我每次都只能一边说"为什么啊"，一边苦笑。

我们管理层甚至公开了公司的经营现状，并向员工呼吁："公司出现了严重赤字。虽说并不是不能出现赤字，对于应该投资的项目，我们可以积极地进行投资。但是，如果投资的必要性不大，那我们一分钱也不应该出。所以，如果有可以再商讨的地方，请再讨论一次。"

坦诚公开后，员工一开始就会知道公司现在处于赤字状态。

大家本来就讨厌出现赤字，因此不得不削减不必要的经费，这样一来，公司整体收入也因此增加了。

最终，收支得到了改善，从预算申请中也能计算出公司不再处于赤字状态，可以实现盈利。

各部门反复、多次的讨论，加上管理层以现场的经验及判断，最终确定的预算准确度很高。

从结果来看也能证明这一点——才望子自 2016 年以来连续三个季度的销售额和整体收入都达到了预期，营业利润也增加了，而且有望持续增长。

员工自主公开谈薪过程

比公司的资金更难以公开的信息就是个人的工资。

实际上，并不是所有人都会公开自己的薪资。不过在才望子，曾有过公开谈判过程的案例。

才望子的工资是根据个人的市场价值，也就是员工"跳槽后能挣多少钱"来决定的。有一次，我在脸书上看到一位在才望子工作了 10 年的工程师提出的问题。

"现在我的收入真的和自己的市场价值相符吗？虽然我并没有打算换工作，但是试着看了下招聘软件，我对一些事不太理解。才望子明明那么重视'光明正大'，却没有把和员工的交流可视化，这有点奇怪。我认为，如果自己积累关于工资谈判的知识，并在公司内共享的话，全公司就工资问题会更容易进行沟通。"

对于这篇文章，我评论道："不错！我也很期待！"之后我开始在公司内部公开关于谈薪过程的信息。而他也在脸书和幻灯片共享（SlideShare）①上公开了自己的谈薪过程与内容（见图4-1），之后才望子也将这些过程与内容收录到了才望子的自媒体"才望子系列"中。

———————————

① 世界上最大的幻灯片分享社区。

我在"市场价值决定薪酬"的才望子工作，

但我的能力真的和市场价值相符吗？

我试着在招聘软件上和其他公司谈了薪资。

（最终后续）

2018 年 2 月 17 日 产品管理者聚集地

@ama_ch

【图 4-1】公开谈薪原帖标题

公开全体员工所希望的工作方式

"信息"不只是数字和会议记录。在公司工作的每个员工"在想什么"也是重要的信息。

前面已经介绍过，才望子有工作方式宣言制度，员工可以自由决定自己的工作方式，并记录下来，自己执行。这个宣言，即每位员工想要怎样的工作方式，全部都会在公司内部的群件软件上公开。

比如下面几个例子。

人事总部 N 君

周一至周五 9：00—17：00 出勤（含出差），

如有必要，下班时间可推迟到 18：00，

根据情况，可以在家中或公司加班（每月 40 小时左右），

每个月可能有 3 天居家办公，

根据情况，可以接受出差或周六加班。

这是比较传统的工作方式宣言。那么，再来看看另一位 N 君是如何计划的呢？

人事劳务组 N 君

周一至周五 9：00—18：00 出勤（含出差），

多数情况下会在 19：00 左右离开公司，

※ 广岛队有棒球比赛时 8：00—17：00。

这个宣言很简单，但是我们能清晰地看出他把自己的生活放在了第一位。再来看看有副业的人的情况吧。

市场总部 A 君

周一到周三 10：00—19：00 在才望子上班（含到公司上班），

如有需要，可接受加班。

休息日如有紧急工作，请通过脸书联系。

这位员工每周在才望子工作 3 天，剩下的两个工作日则分配给自己的副业。

此外，有人一周 5 个工作日都居家办公；有人上午居家办公下午来公司；有人每天以 15 分钟或 30 分钟为单位变更工作时间；还有人写着工作时间是 10：00—19：00，但有紧急情况可以随时联系。

顺便一提，员工自己公布的工作方式也不是一成不变的，可能一个月就会变一次。比如，预计下个月副业会变忙，就提前更改下个月在才望子的工作方式。又或是像人事劳务组 N 君这个广岛队狂热粉丝一样，工作时间取决于那段时间有没有棒球锦标赛。

员工的工作方式各有不同。但是，这是所有人思考"我想要这样的生活方式，所以在这段时间，在这样的场所为才望子工作"后的结果。

员工把自己的想法公开，与团队共享，获得其他成员的同意，以此实现自己期望的工作方式。

即便同样是全职员工，他们希望的工作方式也是不一样的。

有想 7 点上班的人，也有夜猫子型的人，还有可以接受加班但不接受出差的人。通过把这些细微的要求都向其他同事公开，工作分配就会变得容易，团队成员的工作也会随之变得轻松。

每个人期望的工作方式不同，想做的工作也不同。

另外，才望子在群件软件上发布了"岗位名单"的招聘信息。在这里，可以很方便地看到招募成员的部门。

还是举例来看吧。

部门：安全室

管理者呼吁：现在安全人才紧缺！让我们一起守护才望子乃至日本的 IT 环境吧！

工作内容：建立私有 SOC①，通过分析和调查日志来检测网络攻击与内部犯罪，以防受到黑客攻击。

另外，我们还设立了"体验入部"制度，即员工可以在一定时间内尝试其他部门的工作。

个人想在哪个部门工作，想做什么，都可以写在群件软件上，谁都可以看到。申请较早的人在申请当天就会被批准，第二天就可以去其他部门体验。个人想做的事情、部门需要的人才都是公开的。可以想象，这样的架构使人才匹配更容易。

这样一来，在组建项目团队时，管理者的负担会减轻不少。

---

① SOC：一般指系统级芯片，是一个有专用目标的集成电路，也是一种用来实现特定系统功能的技术。

在由人事决定分配的情况下，对管理者来说最糟糕的情况是，人事觉得某位员工适合某个岗位，但该员工实际上并不适合，或者本人也不想做。

从结果来看，最好的情况是员工能在被分配的团队里做"自己想做的工作"。其次是"能力还不够但自己想做的工作"和"能力够了但没有意愿去做的工作"。无论是哪种情况，只要管理者知道员工"不想做的事情"和"做不到的事情"是什么，就能大幅降低沟通成本。

要点 1：让员工由被动学习到主动搜索

也许有人会有这样的疑问：

"即便信息全都公开，有谁真的在看呢？"

"有必要给与自己无关的部门的人看吗？"

"本来就有很多需要注意的信息，无关信息还这么多，大脑都转不过来了。"

请放心。没有必要把所有的事情都告诉团队成员，自己也没有必要去理解全部信息。我们只是把信息放在了群件软件上，也就是说，只是创建了一个信息共享的平台，有需要的话自己检索就好了。

员工有很多方法可以传达信息。如：

· 当面沟通；

· 写在手册上；

· 发邮件。

通过这些方法传递的信息只属于个人与个人之间。

虽然现在的信息共享手段相比过去有了很大的进步，但仅仅通过信息传达，对整体业务的推进来说，还是存在一定的局限性。

例如，大家有没有这样的经历？先是向 A 君传达了"我对这个销售数据的看法是……"的建议，然后第二天，又要给 B 君同样的建议。很多时候需要反复地重复相同的话。

如果这些对话以文本的形式被记录在谁都能访问的群件软件上，会怎么样呢？

那么，B 君一有疑问就会立刻在群件软件上搜索吧。只需键入关键词，如"销售数据""分析方法"等。

这样一来，以前做过类似工作的人的留言就会成为热门。只要看到这些留言，就能知道如何查看销售数据，掌握大致的流程。

才望子内部的交流不会使用个人邮件，而是尽可能地将信息交流集中到群件软件上，让这些信息成为未来的"资产"。

最有效的方法，不是将信息"传达后记住"，而是"寻找后使用"。

如果不这样做，就会出现上述问题，即所谓的"大企业病"。

就连提供群件软件的才望子，也可能会患上这种"病"，也就是部门之间、团队之间有"壁垒"，不知道其他团队在做什么。这种情况在大企业中经常发生。说实话，没发生问题的时候，一切看上去都很正常，一旦出现了问题，"看不见的壁垒"就会成为非常大的障碍。

所谓"看不见的壁垒"，就是信息不流通，致使人们无法自由获取信息的高墙。

公司需要创造一个信息能够自由流通的平台，使员工处于能接触到其他信息的状态，是否去获取信息就取决于每个个体了。

要是想知道旁边的人在做什么工作，搜一下就好了，没有必要多方探问，打扰别人。

总之，希望各位管理者能够做到无论何时、无论是谁、无论在哪里，都尽可能地将信息存储在能够搜索到的开放的地方。

要点 2：从线下到线上是一个过程

在才望子，即使管理者和下属坐在一起，两人却用群件软件进行线上交流的情况并不少见。这是为了让不在场的员工也能知道两人之间的交流内容。

只是，一切都在线上进行，多少会让人感到有点奇怪吧？

因此，我在进行线上交流之前，会尽量先在线下进行一对一地直接交流。

没错，就是"闲聊"。

一般来说，和没见过面的人，或者是只见过一次面的人发邮件要非常注意措辞。但是，如果和对方见过几次面，一起吃了几顿饭，那么邮件的内容就会变得更加简练，沟通也会变得更加顺畅。

直接与人见面需要调整时间，成本也很高。但是，直接见面是在短时间内充分使用人的五感来互相了解的最有效方法。

不一定非要和对方成为好朋友，只要能有"彼此都觉得舒服的距离"就可以。

管理者和员工之间的关系也是如此。

通过直接见面，先判断对方是可以亲近的人、气场有点不合的人、话很多的人、沉默寡言的人……基于这些判断，再决定之后两人的沟通方式是在线上还是线下。

有些人几乎每天都在网上给我留言，但在现实中却不怎么爱说话，还有的人会给我发信息说想和我直接见面聊。

通过员工的表现，可以看出彼此能接受的最舒适的社交距离。这就是所谓的"网络开通工程"（把全部工作内容完全转移到线上的过程）。

我之前和雅虎公司的内部教育机构——雅虎学院的伊藤羊一校长聊过。他在进入雅虎之前，就职于制造办公用品的公司，他当时也和一共约350名员工进行了像"闲聊"一样的"1 on 1"聊天，当时这个概念还没有被世人熟知。

我印象最深刻的是他说的一个故事："在某个地方的事务所，我和从事这一行长达 20 多年的行政工作人员交谈时，他激动得哭了，说'真没想到会有这样的大领导来见我'。然后，他把写在笔记本上的改善方案分享给我，并说'这样做的话公司一定会变好'。"

通过无目的的闲聊，抛开彼此的立场和所在部门，交流双方都能平心静气取得好的交流结果。

伊藤也说："我们需要知道，重要的是，一旦通过闲聊建立了某种关系，那这种关系就不仅存在于闲聊的这 30 分钟里，之后也会一直持续下去。"

"通过闲聊，我和其他地区的员工通过 LINE^① 联系上了，而以前我和他是完全没有联系过的。在我和他闲聊之后，他偶尔会直接联系我。如果他对新出的政策有建议，也会直接跟我提。"

所谓"轻量管理"，并不是要把所有的东西都最小化，而是让人的心情变得轻快。

不要以"上司与部下"的关系来进行业务报告和进度管理，

---

① LINE：一款类似微信的即时聊天软件。——编者注

而是站在"个人与个人"的角度上，轻松愉快地加深对彼此的理解，逐渐找回在谋求效率的道路上丢失了的"感情"，以及"想做这样的事""要是那样就好了"等一些独特的想法。

这才是我所追求的最舒适的同事关系。

效果 1：去除公司内部不必要的揣度

彻底公开所有信息，除了能让管理者的工作变得轻松之外，还有另一个好处——公司内部不再有不必要的"察言观色"和"揣度"。

下面这样的场景，大家是不是经常见到？

· 自己手里的工作太多了，想找同事帮帮忙，但是因为其他人的工作进展都没公开，所以害怕同事太忙而不敢去问。

最终，自己不得不加班。

· 会议的气氛很紧张，要不就定这个方案吧？

最终通过的方案实际上没什么人赞同。

如果能公开成员的日程安排，也许就不用自己加班了。如果能够公开会议记录，不合理的判断也会减少。

"这样说会影响上司和自己现在的处境""过于在意他人的想法"……抱有这样的想法，真实的信息就无法传达给整个团队，最终导致决策的准确度越来越低，甚至可能采取成功率很低的方案，慢慢形成"靠大家的努力想办法解决"的论调。这样一来，管理者就成了"穿新装的国王"。不论是自己的想法还是员工的想法，都没有得到公开透明的讨论，导致所有的事情都变得不顺利。

而"光明正大"才是让团队顺利运转的一大原则。

才望子美国分公司也以"光明正大"为目标推进工作，但令人意外的是，美国员工对"信息公开"的反对远超日本员工。

我曾以为，美国公司发明了很多聊天工具和群件软件，彻底公开信息已经成为一种标准。但事实上，和日本的很多公司一样，美国的很多公司邮件文化仍是主流，组织架构仍是金字塔型，信息会逐一汇总，由高层领导来做决定。

从某种意义上来说，美国公司比日本公司还看重成果至上主义和个人主义，甚至可以说，公司和员工互不信任。只要一句"你被解雇了！"员工就会失去工作，禁止接触关于公司内部的所有信息。

当我要求美国的分公司实行公开信息的规定，如公开公费饭局的花费、出差的住宿地点、差旅费细节等信息时，美国的员工产生了疑惑："这在日本是理所当然的吗？"

对此，我这样回答："这种做法在日本也不是主流，但这是我们的特色。公开信息既是保护自己，也是对周围人的支持。这样做，团队的工作表现也会提高。"

我认为，这种做法在千禧一代及 Z 世代的员工中特别能引起共鸣。

效果 2：员工开始理解管理者

在以往的公司中，管理者背负了太多的责任。最开始让他们背负压力的毫无疑问是"上层"，也就是经营者。但在不知不觉中，团队的下属也开始对管理者产生过高的期待。

管理者有培养员工、保持员工工作积极性、指导员工做好工作以及推动团队达成目标的责任。但是，团队中每个成员的想法不尽相同，既有比自己在公司待的时间更长的人，也有好沟通或不好沟通的人。要想对这样的成员进行整合、指导，进行项目管理，就必须学习自己没有经验或不擅长的东西，掌握相关技能后再对成员进行指导，发挥领导能力。

光是想想就觉得胃疼。

管理者对项目负最终的责任，这一点不会改变。但是，一切都应该由管理者一个人来承担吗？

把视角转换一下再来看吧。各位管理者，你希望自己的员工有烦恼吗？如果员工有困难，你也是希望他们尽早和自己商量吧？员工来找你商量，你也会因为自己被需要而高兴吧？我想员工也是一样的。管理者如果不懂，就请直接说"不懂"；没有把握的事就直接说"没有把握"；做不到的事就直接说"做不到"。

管理者需要的不是破釜沉舟的勇气，而是有能够说出自己"不敢破釜沉舟"的勇气，是有说"请大家和我一起思考方案"的勇气。我们任何人都做不到无所不能。

那些一直以来对自己的决策抱有自信的人，或者为了鼓舞自己而逞强的人，恐怕很难有这样的勇气和觉悟。"你连这个都不知道吗？""为什么这样的人能担任管理者？"面对这些质疑的管理者不希望员工失望地对自己说"我已经不信任你了"。

但是，敢于承认自己的"无知"，对员工来说也很重要。如果有管理者不知道但团队成员知道的事情，管理者应该创造良好的环境，允许员工对他说："那我教你吧。"

请大家好好思考一下，在今后的时代，管理者不是"地位"而是"责任"，其作用就是做决策。因为有这份责任，管理者才有可能得到比普通员工稍高的工资。但是，这也并不代表管理者就比其他员工能力强或更聪明，希望管理者和普通员工都能理解这一点。

所谓团队，就是人们聚在一起朝着同一个目标大步前进的组织。如果所有事情只由管理者一人拍板决定，而不考虑专业人士的建议，那团队将会人心不齐。希望整个团队都能接受管理者坦白的勇气和决心。

效果 3: 员工开始发挥自己的主观能动性

互联网诞生前的"个人战"时代，公司不需要员工发挥主观能动性，只要有一位强有力的领导，公司的业务就能顺利发展。

当我还是银行职员的时候，那些拥有优质客户的销售员，能够快速分析数据和处理文件，他们都是通过"个人"所拥有的独特信息和技能来发挥能力的。而且，他们通过"独占"信息，比其他人更具优势，常常能更快升职加薪。

但是，现在的社会是"团体赛"。

从企业管理的角度看，通过系统管理顾客信息，各类文件和数据都可以通过软件实现。

那么，比起个人的优势，什么开始变得重要了呢？即"合作共享"的能力，也就是与各部门和外部合作伙伴进行横向交流，迅速产生创意，制作样品，从各种各样的样品中得到反馈，并以此为基础建立新的假设的能力。

团队合作变得越来越重要。

公司里有很多人比自己聪明。在公开信息的瞬间，这些人的想法就会"咻"地冒出来。再像原来一样只把信息集中在某个人手里的话，可能会扼杀这些人的主体性。

如果总觉得自己一个人完成工作的效率比别人高，那团队的意义就不复存在了。我不知道一个人能收集到多少信息，但 100 个人有 100 种观点、兴趣和关心之处。从经典到新流行趋势，只有将这些广泛的知识组合起来，才有可能产生突破性的创意。

以前，我和平田遥香女士聊过，她在长野经营名为瓦扎瓦扎（Waza Waza）的面包和日用品店。

在 20 世纪 90 年代后期，也就是互联网的黎明时期，她曾当过网页设计师，听说她哥哥还跟她谈过网页制作的方法。

平田遥香的哥哥是量子力学的研究者，他把自己所有的研究都公开了，放在了网站上——"希望能让全世界的研究者都看到我的研究，并以此推动量子力学研究的发展"。他并没有把自己的研究成果紧紧捏在手中，而是希望在把研究成果共享出去后，能够再次结合各位研究者的智慧，使量子力学取得进一步的发展。

再回到平田遥香女士的话题吧。据她所说，她在经营 Waza Waza 后，一直都在有意识地公开黑窑①的设计图、店铺的运营方法、经营战略、销售额变化等，所有的数据和知识诀窍她都毫无保留地在网站上公开了。甚至有一次，她收到一封从德国来的邮件，对方向她请教如何修理黑窑。

---

① 黑窑：制作面包时用来烘焙的柴烧窑。

如果每个人都公开自己拥有的信息，想获得这些信息的人就会聚集起来，信息提供者甚至还会反过来从信息寻找者那里获得自己不知道的信息，即诞生出"交换与接受"的信息共享平台，人们会以此为营养剂，不断催生新的创意。

放权与放任的区别

如果自己做不到，就交给专业的员工。但是，别人经常会问我："这不就是放任主义吗？"

在我看来，"放权"和"放任"是有明确区别的。两者决定性的区别在于，管理者自己是否承担责任——成功了是团队成员的功劳，失败了是管理者的责任。

"放任"给人的印象是"放任不管"。采取放任主义的管理者只给员工提供题目，说了句"之后就拜托你了"，然后就撒手不管。他们对项目的评价仅限于数据报告，却不清楚员工在什么地方受挫，在什么情况下烦恼。如果项目失败，也只会责问员工"为什么做不到？"。但如果项目成功了，只会把功劳归于自己，当作吹牛的谈资。

但是，如果自己成为了担责的一方，管理者的态度就会发生明显的改变。

谁都不喜欢失败，为了尽可能提高成功率，管理者会主动去了解团队成员是根据什么信息做出了怎样的决策，并且尽可能地提供帮助。管理者会分享自己拥有的经验和知识，如果员工感到迷茫，管理者也会给出建议和选择，或者增派人手帮忙。

最后，管理者的最后一项工作就是"道歉"。

工作进展顺利时，团队根据自主决策推进项目，一句"做得好"，就已经是管理者的全部工作了。但也有不顺利的时候，这种时候，管理者最不能做的就是过河拆桥。如果团队成员都尽力了，还要承担失败的责任，就太不合理了。

项目进展不顺利的时候，管理者需要向员工道歉——是我的决策失误，所有的责任都在我。如果管理者能真真正正做到这一点，那么这个团队所有的员工都能安心工作，大胆挑战难关吧。

说实话，我个人并不是很喜欢"交给你了"这句话，我总觉得这句话会过度地传达出对对方的期待。当然也不排除有的人属于被期待时能激发更多潜力的类型，所以这也仅限于我个人的感觉。另外，我也不太喜欢"信赖"这个词。不知道读到这里的你是否注意到，在管理相关的商业书籍中经常出现的"信赖""信赖关系"等词语，在这本书中几乎没有提到。

"信赖"和"背叛"就像一枚硬币的正反面。

大家不觉得上司一味地说"我很信任你……"是句废话吗？

如果对方是真正值得尊敬的上司还好，如果是自己不怎么喜欢的上司这么说，我会不自觉地想："饶了我吧。"

信任，很多时候只是一个人单方面的想法。

插几句题外话，我是在 2000 年 1 月进入才望子的，1999 年，我的孩子出生了。只有十几位员工的才望子的成长，和孩子的成长，有时会互相冲突。

在我和妻子谈论孩子的未来时，我们偶尔会吵架。妻子问我："为什么不能信任这个孩子呢？"那时我是这么想的——孩子总有一天会"背叛"父母。

为什么会有这种乍一看很"冷漠"的想法呢？因为父母原本

就想把自己认为对的东西，不知不觉地强加给孩子，比如学习方法、升学的学校，甚至晚上几点睡觉、早饭吃不吃等。那么，孩子到底在多大程度上应该由父母管理，而父母又该在多大程度上承认并信任孩子呢？

从我个人的角度来说，我认为不管是父母的选择还是孩子的选择，虽然成功率和短期成果有差异，但不到最后一秒谁都不知道哪个才是正确答案。既然如此，就不要考虑相信还是不相信，而是应该考虑接受还是不接受。

即是否接受孩子、接受每一个个体的做法。虽说父母可以谈父母的想法，管理者可以谈管理者的想法，但无论如何任何人都不应该束缚别人的想法或做法。如果深信对方会回应自己的期待，但最后员工的工作表现没有达到自己的期待值，就说自己是被"背叛"了吗？

不，绝对不是。管理者应该相信的是"每个成员都尽了自己的最大努力"这一事实。就像相信孩子们会用自己的双手努力让人生朝着更好的方向发展一样。

05

用 "说明义务"
和 "提问义务" 解决问题

管理者的"说明义务"和员工的"提问义务"

　　管理者的工作就是彻底公开信息。在上一章中我已经介绍过，通过彻底公开信息，管理者的工作量将会大幅度减少。由此引出的两个非常重要的关键词就是"说明义务"和"提问义务"，这两个词在才望子内部的使用频率可能仅次于"早上好"这句寒暄。

　　我们经常会听到"公司应该履行说明义务"这一说法，但对于员工的"提问义务"却没怎么听过。

　　"提问义务"就是有不明白的地方就问。

　　作为管理者，尽到说明义务是理所当然的，但如果员工不告诉我他有哪些不明白的地方，我也不知道该说明什么。每个员工都不一样，想问什么、想知道什么，或是觉得哪方面无所谓，都是千人千面。

　　明明不知道对某位员工来说是否有必要，却从头到尾向全体员工进行解释说明，效率实在太低了，有时候还会偏离主题。

　　例如，公司刚开展新业务时，会听到其他部门的员工这样说：

　　"新业务和我们之前的业务没有太大的关联，会不会很难推进啊？"

"那好像是董事长非常关心的业务……但说实话，我不知道这样做有什么意义。"

新桥①的居酒屋附近，公司的前辈和后辈经常会一边喝酒一边抱怨。所谓不好的传闻和背后的闲话，往往是以粗略的"总结"方式流传下来的东西，如"'大家'都反对""'大家'都认为自己做得不好"等。

在指代不明的"大家"这个词的支配下，消极的气氛逐渐在公司中蔓延开来。慢慢地，管理者也在不知不觉中被这样的氛围所迷惑，自行对员工的想法臆测后再对业务进行说明——也许员工是这样想的，那我就这样回答吧。

最终，这种做法很有可能导致项目不了了之，或者采取重点不明确的措施，抑或是不知道某个措施有没有效果，所以干脆放弃。

真是太荒唐了。

---

① 日本东京东港区一个地名。

　　为什么会产生流言蜚语和暗中议论呢？归根结底是因为信息不足。如果管理者最初就对员工坦诚相待："作为大家工作的前提，公司从一开始就会公开所有的信息。如果有不明白的地方，不要在背后偷偷摸摸地说，请各位尽到自己的提问义务。你问我问题，我就会站在管理者的角度负责说明。"当然，从员工的角度来说，如果没有问的必要，就可以不问。

　　这样一来，双方都会比较轻松，这才是"光明正大"的关系。

员工要尽可能履行自己的提问义务

　　才望子之所以一直苦口婆心地强调提问义务和说明义务，是因为我们觉得如果员工不履行自己的提问义务，管理者就会非常辛苦。

　　为了让沟通更加顺畅，提高员工的工作热情，我们在此之前也实施了各种各样的管理方法。比如，在群件软件上设置"秘密咨询窗口""公司内部举报窗口"等人事热线，或是创造员工能够直接和董事长或我商量的机会，员工甚至能直接跟我们说他想参加"带便当的午餐会议"。此外，我们也给员工提供参加研修或工作坊①的机会等。

为了让员工尽可能坦率地提出问题和意见，我提供了所有能想到的方法，也提供了方便员工吐露真言的场所。

但是，部分员工的不满和郁闷还是越积越多。终于，他们积攒的不满达到了极限，提出了辞职。可是，在我和一些要辞职的员工开诚布公地谈完话后，却听到他们吃惊地回答："为什么不早点儿告诉我这些事呢？！我原本可以做得更好的。"

每当这时，我都觉得造成他们辞职的原因中有自己的一份责任，如果能多说一些，再仔细地说明一下就好了。可我不是超人，我常常感觉自己已经尽了最大的努力。

"你不说我怎么知道！"这是员工经常说的一句话。

所以，为了避免这种情况的发生，我们非常重视提问义务和说明义务。

想必大家都有过这样的经历吧。上司对你说："有什么不懂的地方，尽管问我。"但是即便如此，你真的问过问题吗？或者反过

---

① 工作坊：以一名专业主讲人为核心，10~20名左右的小团体在该名主讲人的指导之下，通过活动、讨论等多种方式共同探讨某个话题的培训形式。——编者注

来说，你对员工说"有什么话尽管说"，他们真的会直言不讳吗？

大家都缺少提问题的自觉性。

如果成功建立起提问与回答的上下级关系，那么成员不提问反而会引起注意，上司会问："为什么不提问？"

当然，对于自己不感兴趣的、与自己无关的事情，也有不提问的权利。

我也从员工的自主性、自立性的角度来对他们进行说明——"你可以衡量提问是否会让自己的工作舒适度更高，再选择是否提问。做出选择的是你自己。"

疑问没有得到解答时，员工也负有没尽到提问义务的责任。从某种意义上来说，这可能是管理者将责任转嫁给员工的行为。但是，与其因为"大家""可能"这种模糊不清的语言而左右为难，不如开门见山地直接提问，而被问到的人也要做到不逃避话题，进行详细说明。这样更能加深讨论，促进业务发展。

从这个角度来看，这可以说是提高管理者决策质量的重要手段。

只是，有一点需要特别说明。"提问义务"这个词，在一些公司里，有时会被解释为"员工应该站在经营者的角度思考"或是"希望每个人都能发挥企业家精神"。但是，才望子并不要求所有员工都能充分发挥自己的主观能动性。公司可以有各种各样的人，既可以有开创新事业、具有企业家精神的人，也可以有脚踏实地完成自己决定要做的事情的人……即便是在才望子，也不是所有人都会提问。每个人有疑问的点，当然也是不同的，只要员工能养成有问题立刻问的习惯就可以了。

光明正大地提问，光明正大地回答

在一次演讲会上，有参加者提出了这样的问题。

"虽然说员工负责提问，上司负责说明，但我觉得只有互相具备了接受提问和接受说明的准备才能成立。有时员工问了问题，上司还是会敷衍过去，甚至还会直接说这问题没必要问。所以，请告诉我应该从哪里着手建立'互相接受的关系'。"

这是个非常好的问题，或者说是很尖锐的问题。

我是这样回答的："在'密室'就是'谁也看不见的地方'提问是不行的，比如个人面谈，在只有自己和上司的空间，问题就会很容易被敷衍过去。但是，如果在大家都能看到的情况下，也就是光明正大地向别人提问，被提问者就没办法轻易逃避了。"

这不仅是指线下的"密室对话"，也指线上对话中的"密室"，比如直接发邮件给上司，这封邮件就会成为你们对话的"密室"。但是，如果公司采用了群件软件，所有员工都能看到的话，结果会怎么样呢？

这样一来，如果上司敷衍了事，大家就都会知道他没有尽到说明义务。

所以，如果员工提出信息（疑问或提案）的方法不够公开，就很难得到回应，不得不把疑问埋藏在心底，这样埋藏久了，甚至会产生不安。

我想告诉大家的是，如果有疑问，就应该把问题在大众面前公开，创造一个让上司不得不回答的场景，使他无法逃避说明的义务。

其实，我自己也有过不得不正面回答问题的经历。因为非正面的回答会使员工的疑虑和不满逐渐累积，所以当我被问到"这个回答是什么意思？"的时候，我常常会详细说明我的真实意见直到员工完全理解。

案例 1：打西瓜比赛时可以将对手名称写在西瓜上吗

请不要误解，我并不是在鼓励大家"胁迫"上司，也不是在说要仗着人多来"逼迫"上司回答。重点在于大家公开疑问和建议有助于端正工作态度。

上司与普通员工一样，也会遇到困难。正因如此，才要公开各自的疑虑与想法，大家一起思考对策。比起两个人单独商量，不如把疑问放在所有人可见的地方一起讨论解决，可以看到更多的可能性。当其他员工也加入讨论时，讨论的方向和层次也会进一步扩大和加深。通过这个程序，员工能够更好地理解公司的战略，也能加深与上司的相互理解，进而思考出能够改善现状的好点子。

而且，由此产生的好点子，因为其诞生过程都是公开的，所以没必要再花时间向每位员工一一说明。

举个例子吧。10 多年前，才望子面向大型企业开发的群件软件 Cybozu Garoon 新版本即将上线，当时公司内部举办了盛大的上线活动，合作企业也一起举办了联欢会，气氛热烈，公司内部的公告栏上也写满了祝贺的话语。在一片祥和的气氛中，有人上传了在活动中拍摄的照片——"打西瓜"游戏①中被拍出裂纹的西瓜。仔细一看，还能看到西瓜上写着的某个竞品②的名称。

一名员工看到这张照片后，立刻发表了这样的文章。

13：×××　2010 年 8 月 18 日（星期三）22：18

Garoon3 开发的工作人员：

大家辛苦了。

非常兴奋看到大家实现时隔 5 年的版本更新，即使作为一个销售员，我也能体会到大家激动的心情。接下来，我也想要把全部精力投入到提升销售额上。才望子在关西③也有很多优质客户和合作伙伴，我们一定会满足他们的一系列需求！我会继续努力工作，不辜负大家开

---

① 玩家被蒙上眼睛，依靠周围人们的声音，用棍子把西瓜劈开的游戏。
② 竞品：指产品在同一领域的竞争对手。
③ 关西：位于日本本州岛西部，以大阪府、京都府为中心的关原以西的地区。

发软件的劳累！

但是，我有一件事情想跟大家交流，只是个人的一点疑问，并不是想给大家泼冷水。

我现在在大阪，并不在现场，对会场的气氛完全不了解，但看了照片后，我总觉得有点奇怪，甚至可以说有点悲哀吧。

"打倒竞品"这一口号，可能包含了大家的各种想法，我的理解是团结一致压倒对方。可我觉得这不符合公司'光明正大'的理念（如果青野董事长对'光明正大'的理解不同的话，那就当我没说吧）。大家对竞品的感情都是一样的吧，看到对方的成功都会感到懊恼。但正因为如此，我们才应该堂堂正正地与之战斗。

非常抱歉，在此时此地，在写满祝贺留言的公告栏上，我却发了好似在给大家泼冷水般的内容。可能有些同事会觉得，我明明连现场什么情况都不清楚，却小题大做，也可能会有人觉得我这篇文章全都是废话。但是，我并不是要批判和指责大家。

也可能有人会因为我这篇文章而感到被冒犯，但我还是希望大家能够理解，或许除了我之外，也有人看到那个被拍碎的西瓜时，会像我这么想。

他是在大阪工作的员工，并没有参加在东京举办的活动。但是，看到这张照片后，他完全没有被兴奋过头的现场气氛所迷惑，还能站在极其冷静的立场上分析情况，的确很理性。

在他的文章下面，有很多员工基于这个话题展开了讨论，我也写下了这样的话：

才望子的奋斗目标是让客户的工作更加便利，并不是打倒某个竞品。虽然有时为了明确团队的方向，也会定下一个或几个竞争对手，但是有时做得太过火，反而会丢失项目开始时的初心。我非常高兴能够看到这篇文章指出了这一点。并且，与之前相比，现在大家能够在公司的群件软件上讨论这些问题，也让我看到了团队的成长。

案例 2：新员工能否一边听音乐一边工作

最近还有一个令人印象深刻的讨论。有个新员工在培训中，一边听音乐一边戴着耳机工作。而在某个帖子中，围绕这么做是否正确，大家讨论得热火朝天。

A：我觉得销售员一边听音乐一边工作的话，会很奇怪，也会影响别的同事。虽说从员工多样性的角度上来说未尝不可，但他们也需要认识到，一边听音乐一边工作是对其他人的不尊重。怎么劝导才好呢？

B：虽然没有明确说明工作时不能戴耳机，但确实应该提前告诉新员工这一点。在工作的过程中，稍微体谅一下别人，让别人愉快地工作也是很重要的。

C：如果不是关于工作方法本身的看法，就不必在此讨论吧。当然，开会时戴耳机听音乐是不行的，但独自工作的时候为什么不可以呢？或许对于他们来说，一边听音乐一边工作可以提高工作效率呢？如果连这点小事都要指责，那员工需要遵守的规则也太多了吧？我认为与其事先用这样或那样的规则来约束，不如先不要管，如果之后真发现有什么弊端，再制定规则也不迟。

D：我个人赞成C君的意见。如果仅仅是因为戴耳机这件小事就被批评，那个员工的心情一定会受到影响。在软件开发过程中，一边听音乐一边工作很正常。但如果负责开发软件的新人在培训时，被提醒不能一边听音乐一边工作的话，他自己的想法就会被改变，等他正式进入开发部后，也会跟开发部的同事产生分歧。

E：我并不是说大家不可以一边听音乐一边工作，而是想说有的人看到这种工作状态会认为是对自己的不尊重。接受不同的人可能产生不同的看法，是接受员工的多样性的第一步。如果坦白地告诉对方这一点后，对方说"这是最能集中注意力的方法"的话，那就接受他的工作态度。如果对方没有那么执着于一边听音乐一边工作的话，那么听到提醒后他可能会觉得不好意思，从此不再一边听音乐一边工作。所以，A君不是单纯在下达一个"上级命令"，而是希望能让本人注意到这一点！

F：如果要提醒新员工这一点的话，最好是在公开场合。如果只是单纯的口头提醒，或是在一个非公开场合提醒的话，会让新员工觉得自己是被"前辈"或"导师"，即上级提醒了。所以，要让新人知道前辈也有各种各样的意见和想法，最好是把此处的讨论完整地传达给大家。

A：感谢各位的意见！我个人虽然认为一边听音乐一边工作没问题，但难免有人会觉得这样很不合理，如果大家能够互相理解，对双方都有好处。大家有各种各样的想法很正常，有理解的人，就会有纠结的人。纠结的人也许还会想，确实应该告诉新人这样做不好，但才望子十分提倡员工的多样性，保证员工的自由，那到底该不该提醒呢？像这样犹豫不定的纠结会对自身的成长产生负面影响。所以，如果双方都认可多样性，还是应该直接说出自己的顾虑。虽说如此，面对新人，也不能直接说"这样做不行"，以免打击对方的工作积极性。工作方式不同是理所当然的，不同职业的文化差异也是理所当然的。但是，大家的目标却是一样的，如果大家能互相理解、互相成长就好了。因此，先自己戴上耳机工作，体会一下对方的感觉吧！

G：非常感谢 A 君整理得这么清晰。但是，我想问一下真的有必要提醒对方吗？有人不喜欢抽烟的人，也有人不喜欢工作中吃零食的人，但这些人会对抽烟的人、吃零食的人说"你这样做不好"吗？跟新人说一边听音乐一边工作不好，只会跟新人产生隔阂。虽然这个话题的本质是关于多样性的，但如果重点只放在是否刻意表达个人喜好的话，就不能称之为在讨论"多样性"了吧。

读者朋友们，你们觉得如何呢？这些讨论简直精彩绝伦，我甚至不知道结尾该如何作出总结。也许有人会感到惊讶，这么小的事情，大家竟然会讨论得如此认真。但是，只要看到这样的对话，就能感觉到才望子有很多员工都在主动地为公司着想。

这段对话被公开在公司的群件软件后，作为当事人的新人给出了这样的回答："与其这么大张旗鼓地讨论，还不如一开始就直接光明正大地说出来。"

这个回答让我也吃了一惊。这正是才望子所追求的"光明正大"。

提高员工自主独立的能力，为管理者减压

另外，才望子的员工的各种提问也让我很吃惊。

在写这本书的过程中，新员工突然对我的推特账号提出了"批评"——"照片太偏向昭和时代的风格了""简介里有太多没有意义的信息"等。

确实，我是昭和时代的大叔，又没有品位，那就拜托他们给我提建议吧。所以，新员工对我说哪张照片当头像好我就选哪张，要是他们说"好不容易来了趟美国，背景就选旧金山的照片吧"，我就把背景换成旧金山。

令人意想不到的是，这件事突然上了推特的热门，仅仅几天时间，我的粉丝数就翻了三倍。甚至，虽然我觉得这是个偶然，但居然连才望子的股价都上涨了，真是令人惊讶。

很多员工刚入职时，首先考虑的是自己的想法"不要被人发现""等业务做好了再提出改善方案"。但是，才望子的员工在感觉到公司某个地方有问题的时候，就会主动开展行动，或者向人事和上司传达意见。

这是因为通过彻底的信息公开，大家感受到了"言论自由"带给他们心理上的安全感。

在才望子的群件软件上，除了直接的业务进展以外，也可以像在个人推特上一样随意发布牢骚，这也算是一种公司文化吧。

某天，一个新员工在群件软件上抱怨自己的任务管理做得不好，接着，看到这个话题的老员工纷纷开始分享各自的任务管理方法，最后他们还决定开一个关于任务管理的学习会。

相反，请想象一下员工没有提问义务的公司。

管理者必须体察每一个员工的不安。否则，员工就会抱怨自己的管理者什么都不懂，而管理者本人甚至连员工这么抱怨的理由都不知道。

如果是设定了提问义务的团队，管理者就可以直接对员工说"如果有任何疑问，请随时告诉我"。管理者不需要过度保护员工，员工也会自己思考他们对什么感到困惑或遇到了什么困难，并自主地采取行动。更进一步来说，员工可以互相依赖，管理者的工作也会减少。

这种状态在才望子被称为每个人的自主独立。

以前，才望子的精神医生熊代亨先生在才望子的自媒体"才望子系列"中说过："自主独立的本质是一种更加高明的依赖。"

正是提问义务，让每个成员既能充分发挥主观能动性，又可以随时依赖其他同事，实现真正的自主独立。

管理者通过"写"来尽到说明义务

前几节讲述了员工的"提问义务"，那么管理者应该如何尽到自己的"说明义务"呢？

我的回答是：写、写、写。

在开始闲聊的同一时期，我也写起了博客。

原因是，在闲聊时，我和员工之间会产生各种各样的话题。比如"这个制度的目的是什么？""这是什么意思？"等等。

虽然要当场回答提出问题的员工，但我希望除了提出问题的当事人，其他人也能知道这些问题的答案，另外，也是避免一个问题被不同的员工问好几次，反而增加我的工作量。就这样，我开始面向公司内部写博客，而且每天坚持了下来。

每天早上就是我写博客的时间，这也成了我的日常工作之一。我写的内容也多种多样。

比如，新员工进入公司的时候，会有人对他们说"要好好打招呼"。但是，新人会产生疑问："为什么要打招呼呢？"

因为被问到这个问题，所以我不得不回答："因为你是新人，这是社会常识。"于是，对方又继续问道："为什么新人就必须好好打招呼呢？"

被他这么一问，我也开始思考，为什么只有新人必须好好打招呼呢？如果每天的问候那么重要，前辈和上司也应该做到啊，不能只让新人做这些事。之后，我把这一答案写在了博客上。

围绕这些要求比较宽松的话题，我从管理者的作用、责任的承担方式、工作的本质等各个角度进行了阐述。

渐渐地，我开始听见员工对博客上某些话题的讨论。也就是说，我通过博客履行"说明义务"的同时，也激活了员工履行"提问义务"的意识。这就是在公开场合提问和说明的好处。

之后，我开始思考，如果这些文章不仅限于公司内部员工能看到，甚至未来可能来才望子工作的人也能看到的话，也许从招聘开始就可以减少员工和公司调性不合的情况。于是，从第二年开始，我决定以"才望子完全日记"这一名称和形式对外公开博客内容。

"写作"能让人变得更真实。每天都想着要把传达给别人的东西写下来的话，会形成随时都将自己脑中的想法整理清楚的习惯，生活节奏也会紧张起来，阅读量也会增加。长此以往，我们就能更清晰地体会到自己的想法。

我像乌龟一样缓慢前进，但同时也真切地感受到自己每天都在不断积累知识。

想必各位管理者每天都在读书、参加培训和实践，获取着各种各样的信息。但是，你是否拥有可以解释、咀嚼、输出知识的方式呢？

我们缺少的不是信息输入，而是信息输出。博客，就是一种恰到好处的训练，是与员工保持恰到好处的距离感的信息输出方式。虽然写博客的目的是向别人传达信息，但博客的内容并不是上级的命令，也不是强制性的，员工想读就读，不想读就不读。我觉得这样的状态刚刚好。

问题必须公开透明，否则将会不断恶化

管理者还有空写博客？那分配给其他必须做的事情的时间不就变少了吗？

我知道，大部分公司在意的是数字。但结果往往是一旦公司发展被数字牵着鼻子走，其他的事情就都顾不上了。正因为如此，才望子才放弃了成果至上主义，遗憾的是世界上的大多数公司或许都无法做到这一点。

即便如此，也请不要让管理者一个人负责公司的所有问题。管理者也不要把所有的事情都揽在自己身上。要明白，从问题向所有人公开的那一刻起，这个问题就已经在解决了。

如果管理者一直独自面对问题、思考问题，那周围的人当然看不见这个问题。就像冰箱深处开始腐烂的食材一样，当你发现的时候，问题早已经恶化，甚至可能已经散发出了恶臭味。

所以，在发现问题后，首先要做的是在情况恶化之前公开问题。不论是用博客还是群件软件，或者通过其他什么方式都可以。原本只有你一个人，或者只有你和被咨询的员工两位当事人在解决问题，当问题公开后，致力于解决问题的人会增加到 3 个人、4 个人，甚至更多。

把问题公开吧！

这样做不仅有利于管理者盘点问题，也能让员工找到归属感，员工能够切身体会到"别人在跟我说话"，体会到团队对自己的重视，这也代表自己的存在被其他同事认可。

应届毕业生或刚跳槽来公司的人，或是因为调动转到了别的部门的人，他们在新团队开始工作时心情是怎样的呢？相对于自信满满，很多人都会有一段陷入自我怀疑的时期。"我能待在这里吗""我有容身之处吗"等等，对自己不自信的人大概都有过这样的想法吧。

"可能不被管理者看好""可能拖了团队的后腿"……诸如此类的自我怀疑会逐渐增加。但是，只要管理者公开课题，团队成员们就能付诸行动。如果此时自己能做点什么，就一定能获得认同感和成就感。

马斯洛需求的五个层次理论说："自我实现需求是建立在尊重需求之上的。"

也就是说，只有当自己被充分尊重时，才会产生自己想要完成什么、实现什么、如何对团队发挥影响力的主观能动性。

管理者也有提问义务，不能说"我也不知道"

管理者有说明的义务。但如果自己无法回答成员提出的问题，该怎么办呢？

"只能用自己的猜想回答""说自己已知范围内的事情""说些无关痛痒的话""回答说我也不知道'上面'的事情呢，哈哈哈"……

这些都是错误的回答。实际上这种模棱两可的回答正是导致高层和基层脱节的罪魁祸首。

我们经常看到，部长在酒会上说："唉，真不知道我们董事长在想什么。"接下来，科长和年轻人们都歪着头"嗯"了一声。

这是为什么呢？

管理者对成员有说明的义务，但如果自己有什么不明白的地方，管理者同样也有对上级提问的义务。也就是说，如果自己不明白的话，就应该去问上级。

"胡乱猜测""说些无关痛痒的话"太过荒唐，在这里就先不做赘述。当被问到自己不太清楚的问题时，其实管理者或多或少都能说些自己已知范围内的事情吧？把自己知道的都告诉对方，这是管理者尽量不给上级添麻烦，同时又努力取得下级理解的表现，也是一种责任感的体现。

但是，的确不知道的话，其实可以直说，之后问了上司再回答提问者就可以。如果自己无法做出决定，就交给上司。虽说管理者的工作是做决策，但并不代表所有的一切都需要由自己决定。"决定有问题该问谁"，也是优秀的决策之一。

不要对上级期待过高

现在是非常艰难的时期，管理者正面临很大的考验。

那么，让员工读一读这本书如何呢？他们读了之后，应该能切身体会到管理者的艰辛吧？

我想说的是，不要对管理者期待过高。不管是董事长，还是部长，虽然这些头衔听起来非常响亮，但大家都是普通人。虽然他们可以做出重要的决策，这让他们看起来仿佛"无所不能"，但其实，他们也是会因为小事而闷闷不乐，或暗自说泄气话的人。

就像我一样。世上没有完美的人，也不存在跟着某个领导工作就一定会顺利的情况。

当然，为了保证工作顺利进行，领导也在努力。但是，公司就是一个团队。借用松下幸之助的话来说，公司是社会的"公器"。以销售产品的形式向客户收取资金，用这笔资金生产更好的产品，再提供给客户。然后客户再下订单，公司再创造更好的产品……像这样让资金循环起来。

所以，工作不是一个人能独自完成的，而是需要一个团队共同努力。即使彼此都有不完美的地方，也要互相接受，一边觉得"对不起对方"，一边坦率地互相指出、互相补充，共同打造团队更加美好的未来。

06

"公司"消失后，

人们该如何工作？

才望子能否在硅谷贯彻"工作舒适性至上主义"

以"闲聊""彻底公开信息"和"说明义务与提问义务"这三点为中心，以构建"光明正大"的团队为目标，才望子实施了这两大改革后，终于把离职率降到了4%左右。

之后，我便着手实现新的目标——在美国设立分公司。

2001年，才望子首次进军美国市场，但是没有掀起什么大的水花。2014年，我们又一次从零开始打造团队，以期开拓美国市场。我们在美国硅谷没有任何根基，而且美国的公司和员工存在高度自主性，"不信任公司"的个人主义等文化、习俗甚至价值观，都和日本完全不同。

才望子也曾模仿过硅谷模式，奉行成果至上主义，可是结果呢？离职率达到28%，业绩下降，股价暴跌。但是，正如"祸兮福所倚"，正是当初的挫折，成就了现在的才望子。

我们期望在硅谷建立一个"光明正大"的团队，实现"工作舒适性至上主义"。

美国分公司的离职率竟然达到了 57%

话虽如此，我们首先还是要入乡随俗。

在我看来，我们必须优先组建团队，在团队内部建立良好的人际关系，所以我想要雇一个能够从经营者的角度管理团队的美国本地人。之后，我在兴银工作时的好友向我介绍了戴夫·兰达，即才望子现在的美国法人和 CEO。

我当时和他深入地探讨了才望子的企业理念和我们的主打软件才望云（Kintone）①的发展空间。几天后，他联系我说想再见面谈谈。见面后的第一句话，他说："我想从现在的公司辞职，去才望子工作。"

就这样，1 号职员戴夫加入了才望子，我们齐心协力组建了美国团队。

虽然才望子在日本已经上市，但在美国却无人知晓。而且，美国分公司刚刚成立，所以没几个行业人才愿意加入才望子。

在旧金山，物价和地价每年都在上涨，因此工资水平也非常

---

① Kintone：允许所有人简单制作，进行信息共享的云服务系统。

高，我们仿佛置身于泡沫经济时代。而且，在很多公司，员工的奖金与个人的成果挂钩，员工也希望至少每半年涨薪 10%。在这种情况下，别说让员工长期工作了，我们甚至没有自信能找到新员工。尽管如此，我们还是顶着压力继续招聘，增加当地员工的数量。

可是，美国分公司成立 3 年后，等着我们的却是一个惊人的数字。从 2014 年成立到 2017 年，分公司的离职率竟然高达57%！要知道，我们在日本的最高纪录也只是 28%。在美国，这一数字居然翻了一番。

我大受震撼，我认为公司不应该是这样的。因此，对于美国分公司，我也决定找回初心，把它发展成"大家都想来工作的公司"。于是，我在美国也开始推行"闲聊"。

但这次的情况显然更严重。对于销售、开发、市场营销等方面的工作，我都不擅长，甚至连英语都不会，真是令人绝望。为了给自己的不足打上一个又一个的"补丁"，我和戴夫等每个成员都进行了闲聊，还谈了才望子的理想和愿景。

结果我发现，美国跟日本一样，100 个人有 100 种生活方式、工作方式和思考方式。

只有一点不同，美国员工的自我意识很强。

在日本"闲聊"时，当我问起员工是否遇到什么困扰的时候，大多数员工一开始都不会说真心话，只用"没有什么问题"敷衍过去。这让当时的我很辛苦，但在美国分公司，大家都很直率。很多人直接对我说"我有这样一个课题"，或是"能帮我想想办法吗？"，等等。

此外，美国员工对公司的要求也很严格，我经常会收到员工的加薪请求，或是说自己太忙了，公司应该招更多的人。而且，他们一有不满就会立刻辞职。

另外，美国也允许公司因特殊情况解雇员工。有的人上一刻还在好好地吃着午餐，结果下一刻就被告知自己被解雇了，甚至连回工位收拾东西的时间也不给。这在日本是难以想象的。

这种环境下，员工不信任公司、对公司没有归属感就非常容易理解了。这就是才望子美国分公司离职率达到57%背后的社会环境。

但是，在这样的大环境下，我也确实实现了我在日本一直推行的管理方式——"闲聊"，逐渐了解了每位员工想要的工作方式。

最终，曾在谷歌和软件营销部队（Saleforce）[①]等优秀公司工作过的员工因为喜欢才望子灵活的工作方式和企业文化而加入公司，还向亲朋好友介绍才望子独特的理念。慢慢地，才望子美国分公司形成了良好的业界口碑，实现了以人招人的良性循环。

对他们来说，作为一个个体，自己在这家公司工作能积累什么样的经验，能得到什么样的成果才是最重要的。对此，才望子提出了"创造充满团队精神的社会"这一理念，并呼吁社会各界人士"如果对此有共鸣，请加入我们，充分发挥你的个性"。通过才望子这个载体，每一位员工的理想都被联结到一起。我们认可每一位员工的个性，尊重每一位员工的多样性，推崇大家一起"光明正大"地讨论。

最终，才望子美国分公司的离职率降到了 10%。

---

① 1999 年 3 月创立的一家客户关系管理软件服务提供商。

千禧一代离职快的原因

说到底，员工辞职的原因究竟有哪些呢？

如今，除了千禧一代，Z世代也开始走入职场。对Z世代来说，如果觉得公司不适合自己，他们就会毫不犹豫地辞职。因为他们可以通过互联网随时接触到世界各地的新闻，处于"能够自主选择容身之处"的社会环境中。

那么，他们对公司的要求是什么呢？

他们从小就意识到，拥有财富并不等于拥有幸福。这个世界有很多因经济竞争产生的社会问题，也不乏凄惨的事件和纷争。但是，他们也想确保经济宽裕，实现自我价值，不仅要让自己幸福，也要发挥社会影响力，让周围的人幸福。

总之，他们对公司的要求是"未来的发展空间"。这样一来，仍然延续着下面这种老套管理方法的公司，毫无疑问，会被年轻人敬而远之。

· 感受不到自己的成长。

· 被强迫做自己不想做的工作或不擅长的工作。

·上司担心被投诉，所以与自己保持微妙的距离。

·公司存在效率低下的业务流程。

·公司屡次提出要改革工作方式，但业绩目标却丝毫没有
降低。

　　拥有上述规定的公司，年轻人当然不想在这里工作。

　　来到美国后，我深深明白了一件事情——公司这一组织，现
在正站在巨大的十字路口，直面"资本主义升级"这一不可抗拒
的时代潮流。从世界市值排行前 10 名的企业来看，有 8 家是美国
企业。从前 50 名来看，美国仍然占据大部分席位，并且中国企业
的势头也很强劲，可是日本企业只有丰田汽车一家公司进入世界
前 50 名，而且还排在第 40 名左右。

　　从这个排名中，可以看出世界上越来越大的贫富差距。以
GAFA（谷歌、苹果、脸书、亚马逊）为代表，一部分 IT 企业和
金融机构的员工和投资家获得了财富，但除了他们之外，越来越
多的人无法分到"蛋糕"，只能终日为生计所烦忧。以制造业和农
业为产业中心的美国中西部和南部自不必说，在相对富裕的美国

东海岸和西海岸，我也曾亲眼见到过无家可归或不得不在车上生活的人。

美国的年轻人看到了这种状况，开始站了出来。他们认为不能就这样放任不管，于是他们一边在 GAFA 工作，一边创立非营利组织（NPO）法人，热心于志愿者活动，用自己的人生资源为社会做贡献。

过去的资本主义，简单地说就是"以追求股东利益为优先，公司利润由股东支配的社会"。员工被要求必须完成每个季度的短期目标，如果做不到，公司就很难说服股东进行长期投资。

而现在，与之对抗的是"公司民主化"，让公司回到人民手中，成为真正的"社会公器"。为达成此目标，需要股东、员工、顾客、交易方等所有的利益相关者，都作为有意愿为社会做贡献的"人"，创造健康的商业模式。而投资、消费群体，也不应把金钱浪费在享乐上，而应该主动计划和参与投资社会意义更高的领域，发挥自己的影响力。

像这样，将工作、享受、生活悠闲地连接在一起的状态，就是生活在新时代的年轻人所向往的世界。

为人工作，而不是为公司工作

我和青野董事长都对员工一再强调——"公司是没有实体的怪物"。青野董事长甚至还为此写了一本名字长得让人记不住的书，叫作《公司这只"怪兽"会让我们变得不幸》。他是想提醒员工，不必太在意公司的"感受"。

我经常听到员工说"为了公司而努力""为公司做贡献""我喜欢这家公司"之类的话，但每次听到我都会觉得非常别扭。

公司到底是什么？

公司这个东西本身，是没有人格的。

如果非要说自己是为了什么而工作的话，可以说是为了上司、同事、后辈，再具体一点，可以说是"对董事长的理念产生了共鸣""想在这个团队工作"。或者，为了家人、为了自己、为了遇到困难的人，不管怎样，我们都是为了真正的"人"而工作，没有必要为不存在实体的公司工作。

因此，我一直在否定说这些话的员工："你喜欢的所谓的'公司'，其实是不存在的。"

我自己刚从兴银辞职的时候，也曾说过万分感激兴银，想报答银行对我的照顾之类的话。但是，随着时间的流逝，这种"魔法"就会渐渐消失。

"报答银行的照顾这件事，还在兴银工作的上司、前辈、同事应该可以做到吧……可我该怎么做呢？"我曾憧憬的、为之努力的、想要报答的兴银被合并了，实际上不再存在了。于是我开始迷茫，兴银到底是什么？我到底报答谁？

公司并不是团队的最终形态

前段时间，我和著有《跳槽圣经》和《杀掉天才的凡人》的北野唯我先生有过一场谈话，当时有个参会者提出了这样一个问题："今后，公司作为'容身之处'还会存在吗？"我回答道："可能会消失吧。"

现在，我们已经进入"无国界化"的时代，所有的信息和技能都不再被一家公司所独有，而是跨越个人和国家的界限，在世界范围内被共享。也就是说，我们其实处于"不知道'信息'这一资产到底属于谁"的状态。

原来，有股东，有公司，有法人，信息的界限相对明确。但现在，这种界限正在逐渐淡化。

公司原本就是人们为了生存而创建的团队。最初，人类作为狩猎者，为了捕获猎物而形成了集体。进入农耕社会后，又形成了村庄，大家一起劳作，能够生产大量水稻。再之后，人类发明了货币，而公司，就是人类为了赚取货币而创造出来的团队。

但现在，越来越多的项目开始超越公司的界限，拥有副业也开始变得普遍。从这个趋势我们可以看出，"公司就是一个团队"这一概念已经不再符合时代潮流。

现在的时代，如果公司只追求利益，为了维持公司的经营，强迫员工宣誓效忠，强迫员工做出牺牲，员工就会立刻在网络上曝光这家"黑色企业"。在劳动人口不断减少的当下，这样的公司肯定会被淘汰。

世上的公司迟早都会走向光明正大，走向民主化。

如果我们的理想是构建一个不仅能让股东，也能让员工和客户等所有人都能幸福生活的社会，或许就不必拘泥于公司这个形式了。说得极端一点，或许公司这一形态消亡也无妨吧。

在强权下，人们是不会主动行动的。真正能够打动人的是理想和共鸣，公司也不应该是"束缚个人的组织"，而应该是"独立个体聚集的组织"——这是与以往的组织制度完全相反的。

以往的组织制度，即年功序列制度，对经营者来说极为轻松。不论员工工作是否努力，公司每年都会按照规定自动涨工资。公司单方面以"我给你这么多钱，你就干这么多吧"来束缚个人。

而且，大家都接受了这样的规制。

我过去在才望子推行成果至上主义，就是出于对年功序列制的强烈反对。可是，成果至上主义是用金钱来捆绑员工，实际推行之后也会遇到很多问题。

为什么呢？因为本来一个人随意评判另一个人就已经很狂妄了，更别说对他人"定价"了。这些都是把人物化的表现，非常可怕。

即便有所谓的评价标准，标准也是人制定的，不可能做到所有员工都对某个人主观的标准产生赞同感，就像 Cybozu Garoon 部门曾强烈批判公司"总是给 Cybozu Office 部门发奖金，太不公平了！"。

因此，干脆放弃把金钱作为唯一的价值标准的制度吧！

最终，我们逐渐实现了"100个人有100种工作方式"，也创造了新时代的公司的存在方式。

才望子员工的薪资由其市场价值决定

那么，才望子的工资是如何确定的呢？答案是"由市场价值决定"。

很多公司在进行人事考核时，会和员工面谈，把员工的实际工作成果和他的个人目标与KPI（重要的业绩评价指标）进行对照——"你觉得自己达成了多少目标？""如果你自己也不能接受这个结果的话，请说明一下为什么会造成这个结果。"……光是想象一下那个场景，就要汗毛倒竖了吧。

公司预算有限，因此想把钱花在刀刃上，自然会对员工的评价标准比较严格。反过来说也一样，员工若希望尽可能多地拿到工资，则要尽量展示自己做出了怎样的成果。

成果评价甚至还牵涉无法逃避的"人际关系"。这种人事考核方式未免有点离谱吧？

因此，才望子决定分割人事考核和业务反馈，让业务反馈回归到让员工更好地发挥能力这一初心，并且以"市场价值"决定员工的薪资。

定薪流程是这样的。首先，由员工自己向公司提出自己的期望工资。与此相对，公司首先会从"如果该员工跳槽到其他公司，会得到多少薪水"的角度来计算该员工的市场价值，也就是"外部价值"。除此之外，还要考虑这个人在团队中的贡献度，也就是在公司的"内部价值"。

另外，有的员工为了兼顾副业，不会全身心投入才望子的工作中，这种情况下，他们需要计算一下在才望子投入多少时间，然后公司再考虑分配多少工资。比如，某人的市场价值是月薪 50 万日元，但他只能分给才望子 50% 的时间与精力，所以他在才望子的工资是 25 万日元。

还有一点值得一提——每个员工的期望薪资都是不同的，100 个人有 100 种不同的情况，所以要具体情况具体分析。

至少要让员工不讨厌自己的工作

让我们把话题说回到管理者身上吧。

在现在的时代背景下,管理者的角色会发生怎样的变化呢?这些年,我在才望子的入社仪式上经常说这样的话:"谢谢大家加入才望子,我的职责就是让你们早点儿辞职。"

可能有人会觉得这句话太过分了!明明好不容易把离职率降到4%,怎么能说这种话呢?但是,这是我的真实想法。

能早点儿辞职,意味着你已经成为在其他公司也能大展拳脚的优秀人才。也就是说,你已经"出师"了。在此基础上,如果管理者能够尽到自己的职责,把公司变成一个更优秀的公司,能够留下这些已经"出师"的人才,那就可以说公司找到了决定商场胜负的关键。

说得文艺一点儿,就是在篝火的中心举起"理想的火炬"。

未来,管理者的职责是什么?我认为,就是尽力提高员工的工作舒适性。这一点从以下3个实践案例中也可以看出。

· 进行"闲聊",了解100个人有100种工作方式和生活方式。

· 彻底公开信息，进行轻量沟通。

· 贯彻说明义务和提问义务，营造光明正大的团队气氛。

与其盲目追求提高员工的工作积极性和工作热情，把焦点放在让员工快乐工作这些过于远大的目标上，不如一个一个地消除他们讨厌公司的原因，或者至少让他们"不讨厌"上班。

从"治外法权"着手

现在，管理者的处境还很艰难。可能有些管理者读了本书后，会萌生想要改变公司和工作方式的冲动，但最后却因为自己没有权限而碰壁。

通过本书我想对大家说，团队需要有尽可能大的"治外法权"。

才望子所定义的工作方式改革需要有三个必备条件，分别是制度、工具和职场环境。

其中，"工具"和"职场环境"只要在团队中就能改变。比如，如果想彻底公开团队信息，有很多免费的聊天软件和群件软件可供挑选。至于贯彻说明义务和提问义务，就要看管理者和团队成员的觉悟了。只要具备了这两者，制度也会因工具和职场环境的改变带来的结果和实际情况而改变。

"治外法权"这个词听起来是不是很令人兴奋呢？那么，就首先从自己的团队着手，做出改变吧！

正因为无法成为教科书般的管理者，所以……

在公司管理的相关书籍中，经常会看到很多管理公司的知识与技巧，也能看到很多"完美"的管理案例。可是，如果我们确实无法成为完美的管理者呢？那不如干脆丢掉所谓的"教科书"，重新出发吧。

就像我，也正是在真正接受了"100 个人有 100 种工作方式"这个理念之后，才最大化地发挥了团队合作的作用。

团队合作能如何改变世界呢？好的团队合作又是什么样的呢？

世界上有各种各样的团队合作，既有自上而下式的，也有少数服从多数的，还有大家像家人一样住在一起的。而才望子所追求的团队合作，是员工出于共同的梦想聚集在一起，大家各自作为一个独立的个体，尊重彼此的个性，互帮互助，光明正大地朝着梦想前进。

拥有权力的人不是为了自己的利益而运营团队，不是为了利益竞争让员工在报酬的驱使下拼命工作。公司也不是只有一部分人才能获得财富，而另一部分人只能收获失败与痛苦。

我的目标，不是创造一个用金钱来连接员工的公司，而是想通过共同的理想来让员工找到归属感，并且在此基础上，我还想试着让公司更加民主化。

当下，管理观念的大众化还只是序章。但是我希望，今后世界上能有越来越多的团队拥有和才望子一样的理念，并以此实现"100 个人有 100 种感到幸福的方式"。

后 记

无须攻击职场老人，也无须批评职场新人

最近，我经常在研讨会上以"新时代的管理"为题进行演讲。来到现场的大多是二三十岁的年轻人，也就是肩负未来时代重任的一代。他们双目炯炯，对我说听了我的演讲后，在上司面前，特别是在 20 世纪 70 到 80 年代出生的上司面前，开始能够说出自己的真实想法了。并且，在本书出版后，他们还想一次买两本，一本给上司，一本自己读。

而与我同龄或上一辈的经营者和管理者，则会带着复杂的表情听我的演讲，然后发出感慨："现在已经是这样的时代了啊！"

其实，四十到五十岁的人也已经感受到了自己与年轻一代存在的鸿沟，并且为此很烦恼。但是，这些代沟的本质只是出于不知道为什么不同、不知道该怎么做，实际上，只要了解了原因，

再从这些方面来解决就可以了，大家只是在年龄上有差别，而不是有断层。

出于偶然，我碰巧拥有了在象征昭和的大企业和聚集了当今年轻人的 IT 初创公司这两个领域的工作经验。我希望用这样的经验，帮助读者弥补世代之间的鸿沟。

如果我能尽自己的一份力，就再好不过了。我认为，这也是对大家一直包容自己、照顾自己的一种报答吧。

这本书从开始策划到出版大约花了两年的时间。如果不是把这个重任交给我，而是交给别人，或许能够更快地写出来。但是大家还是选择让我来写，所以我非常感谢大家对我的信任。

另外，我认为这个写作项目也是团队一起合作完成的。虽然书面上的作者是我——山田理，但我只是承担了其中的很小一部分。

竹村的长时间采访和转录，给本书打下了基础；大矢幸世为本书注入一股新风，写出了我无论如何也写不出的，却又带有我风格的文章。最后，写作（WRITES）出版社的大塚启志郎进行了整合、出版。

此外，易职（OneCareer）的北野为对谈做出了很多努力，Waza Waza 面包店的平田老板娘、一个日本（ONE JAPAN）的滨松、伊势丹三越的神谷、佰食屋的中村，都为本书提供了不少灵感。

从头到尾跟进本书，负责项目管理的是才望子系列书籍的员工。从活动策划到推特的写法，明石悠佳和小原弓佳在各个方面都表现出了优秀的领导力；新员工高桥团也把我推特上的个人资料改得"时尚"了很多。而大槻幸夫是这三个人的部长，也是生于昭和时代的管理者，在策划这本书的时候，每当我感到力不从心时，他就会鞭策我。

多亏了大家，让我有了一次很宝贵的经验。真的非常感谢大家。

我认为，本书的创作过程，也是一种轻量管理的体现。

希望更多的人读一读这本书，让我们离充满团队精神的社会更近一些。

感谢您读到最后。

附　录

2000 年，才望子于东京证券交易所创业板上市，并于 2006 年成为东证一部上市公司^①。

2005 年，才望子的离职率高达 28%。

2006 年，日本开始实行《育儿·介护休业法》^②（育儿假最长可达 6 年）。

2007 年，才望子开始实行"选择型人事制度"（工作方式根据时间段被划分为两类）。

2010 年，才望子开始实行"居家办公制度"（远程办公）。

2012 年，才望子允许员工拥有副业。

①东证指东京证券市场，一部相当于主板市场，是上市标准最高的股票市场。
②《育儿·介护休业法》：日本支持生育、养老的法律。介护指以照顾日常生活起居为基础、为独立生活有困难者提供帮助。

2013 年，才望子修改"选择型人事制度"，员工的工作方式根据时间段和地点被划分为 9 类。公司离职率降至 4%。

2014 年，才望子开始实行"副业采用"制度（允许员工把在才望子的工作当作第二职业）。

2016 年，日本国会开始召开"劳动方式改革实现会议"。

2017 年，才望子官网发布以"工作方式已经改革了，为什么还是不开心？"为题的专栏。

2018 年，才望子开始实行"工作方式宣言制度"（员工可自由地定义自己想要的工作方式）。

2019 年，日本国会开始实施《工作方式改革关联法》[①]。

---

① 《工作方式改革关联法》：为限制加班，推进带薪假和弹性工作制的法律。

图书在版编目（CIP）数据

轻量管理 /（日）山田理著；毛仁言译 . -- 北京：
北京日报出版社 , 2023.7
ISBN 978-7-5477-4587-8

Ⅰ . ①轻… Ⅱ . ①山… ②毛… Ⅲ . ①企业管理
Ⅳ . ① F272

中国国家版本馆 CIP 数据核字 (2023) 第 045197 号

SAIKEIRYOU NO MANAGEMENT© 2016 OSAMU YAMADA
All rights reserved.
Originally published in Japan by Cybozu, Inc.,
Chinese (in Simplified characters only) translation rights arranged with
KANKI PUBLISHING INC.， through CA-LINK International LLC

著作权合同登记图字：01-2023-2424

轻量管理

出 品 人：柯　伟
选题策划：刘思懿
责任编辑：王　莹
特约编辑：赵　莉
封面设计：水　沐
出版发行：北京日报出版社
地　　址：北京市东城区东单三条 8-16 号东方广场东配楼四层
邮　　编：100005
电　　话：发行部：（010）65255876
　　　　　总编室：（010）65252135
印　　刷：三河市嘉科万达彩色印刷有限公司
经　　销：各地新华书店
版　　次：2023 年 7 月第 1 版
　　　　　2023 年 7 月第 1 次印刷
开　　本：880 毫米 ×1230 毫米　　1/32
印　　张：7
字　　数：110 千字
定　　价：49.80 元